Barbara Acksteiner

Weihnachtsbüchlein

Geschichten & Gedichte

Impressum

Bibliografische Information der Deutschen Nationalbibliothek:
Die Deutsche Nationalbibliothek verzeichnet diese Publikation in
der Deutschen Nationalbibliografie; detaillierte bibliografische Da-
ten sind im Internet über http://dnb.dnb.de abrufbar.

© 2022 Barbara Acksteiner, 1. Auflage

© Cover- und Buchlayout: Barbara Acksteiner

© Coverfoto bearbeitet: www.canva.com / Olegk1986@gettyimages

© Illustrationen: www.pixabay.com / Siehe: Danksagung

Das Werk ist einschließlich aller Kapitel urheberrechtlich geschützt.

Herstellung und Verlag: BoD – Books on Demand, Norderstedt

ISBN: 978-3-756808489

Inhalt

Advent

Nikolaus

Heiligabend

Weihnacht

Christkind

Weihnachtsmann

»einfach himmlisch«

zauberhaft!

Zeit der Einkehr

Im November beginnt die stille Zeit,
im ganzen Land – weit und breit.

Tage der Trauer, Tage der Stille,
dass dies so ist, ist Gottes Wille.

Kurz vor der Weihnachtszeit
öffnen sich die Herzen weit.

Hört man tief in sich hinein
und ist ganz still,
ist`s, als wenn uns diese Zeit
was sagen will.

Die Zeit lädt ein zum Innehalten,
vielleicht auch mal zum Händefalten.

Zum Überlegen, was in unserer Welt
wichtiger ist als Gut und Geld.

Die stille Zeit ist dafür da,
in sich zu gehen, was gut war.

Aber auch um nachzudenken,
wohin wir unsere Schritte lenken.

Es wäre schön! Wünschenswert!
Und sicherlich nicht verkehrt,
wenn nicht nur in der stillen Zeit
unsere Herzen sich öffnen weit.

Gedanken im Advent

Irgendwie, wie soll ich es nur sagen?
Ich fühl mich nicht wohl in diesen Tagen.

Obwohl, und das ist doch wunderbar,
die Adventszeit ist endlich wieder da.
Und dennoch! Anders ist sie diesmal, traurig-schön,
ich wünschte, ich könnt die Zeit zurück noch drehn.

Vor zwei Jahren haben wir gesungen,
Kinder sind um den Tannenbaum gesprungen!
Wir Alten haben dagesessen
und die Zipperlein vergessen.

Doch seitdem, wie soll ich's sagen?
Ich fühl mich nicht wohl in diesen Tagen.

Dann kommt mein Mann!
Er schaut mich an
und sagt zu mir im ruhigen Ton:
»Liebes, was macht das schon?
Auch diese Zeit, sie geht vorbei
dann sind wir wieder virusfrei!«

»Du hast ja recht! Ich ließ mich gehen,
die Vorweihnachtszeit ist doch so schön!
Wie kann ich das nur vergessen?
Warum bin ich so vermessen,
dass ich jammere und klage,
statt zu dir was Nettes sage!«

»Liebes«, er streichelt mein Gesicht,
»ich weiß, böse meinst du es ja nicht.
Dir ist ums Herz nur so schwer,
weil die Kinder kommen nicht her.
Doch hast du mal darüber nachgedacht,
dass dich in Gedanken jemand lieb anlacht?«

Ich schau ihn an und sehe ein,
wir sind ja gar nicht so allein!
Wir haben uns! Und in diesen Tagen ist
uns besonders nah, der Heilige Christ!
Zu meinem Mann sag ich und geh zu ihm hin:
»Stimmt, Schatz. Alles im Leben hat einen Sinn!«

Dann geht mein Blick zum Himmel hoch
und plötzlich spüre ich dann noch,
wie eine Wärme mich umfängt,
so als ob grad einer an mich denkt.

Irgendwie, wie soll ich's beschreiben?
Ich kann die Vorweihnachtszeit doch leiden.

In diesem Sinn wünsche ich dir,
nicht nur dir, nein, auch mir,
dass alles, was uns belastet und auch quält,
in der Adventszeit von uns allen ab noch fällt.

Ich wünsche dir, wie soll ich`s sagen?
Dass du glücklich bist in diesen Tagen!

Amys Brief

Die letzte triste Novemberwoche hat begonnen. Volkstrauertag und Totensonntag sind vorüber und gehören für ein Jahr wieder der Vergangenheit an. Charlotte schaut auf den Kalender und dabei stellt sie fest, dass in drei Tagen der erste Advent ist. Noch ist sie sich nicht sicher, ob die Vorfreude auf die bevorstehende Advents- und Vorweihnachtszeit gewinnt oder ob die Vergangenheit sie nicht zur Ruhe kommen lässt.

Charlotte zwingt sich den trüben Gedanken den Garaus zu machen, indem sie sich ihre Winterstiefel, die dicke Jacke anzieht und die Mütze aufsetzt. Zuletzt schnappt sie sich die Handtasche, nimmt das Schlüsselbund vom Haken, zieht sich schnell noch die Handschuhe an und verlässt dann die Wohnung.

Draußen wird Charlotte von leichtem Schneegestöber empfangen. Aber diese Witterung stört sie nicht. Im Gegenteil, sie hat das Gefühl, als wenn der Wind ihr den Kopf freiblasen will. Und während sie noch überlegt, wohin sie überhaupt gehen möchte, hört das Schneegestöber auf und stattdessen versucht sich nun die Sonne durch die Wolken zu schieben. *Na, wenn das kein gutes Omen ist,* schießt es ihr durch den Kopf.

Und nun weiß Charlotte auch, wohin sie gehen wird. Ihr Weg führt sie zu einem Blumengeschäft. Sie will sich endlich etwas kaufen, was ihrem Wohnzimmer einen weihnachtlichen Touch verleiht. Dabei hat sie das in diesem Jahr nicht vorgehabt, denn der Schmerz, dass sie die Advents- und Weihnachtszeit allein verbringen muss, nagt noch zu sehr an ihr.

Während Charlotte durch die Straßen läuft, denkt sie spontan an das letzte Weihnachtsfest. Da ist ihr geliebter Mann noch an ihrer Seite gewesen, und die Kinder und Enkel sind auch am zweiten Weihnachtstag zu ihnen gekommen. Aber in diesem Jahr?

Ihre Kinder haben zu Weihnachten und über den Jahreswechsel hinaus Urlaub im Süden gebucht und Charlottes Mann ist seit einem halben Jahr tot.

Ihre Gedanken überschlagen sich. Sie muss an den verhängnisvollen Tag denken, der ihr Leben aus den Fugen gebracht hat. *Weißt du eigentlich, dass ich immer noch stinksauer auf dich bin? Dass du mich so ganz ohne Vorwarnung, von einer Sekunde auf die andere, verlassen hast will mir nicht in den Kopf rein! Was, zum Donnerwetter noch mal, hast du dir nur dabei gedacht? Und dass nach 52 Jahren Ehe, das macht man …*

Unsanft wird Charlotte aus ihren trüben Gedanken gerissen, als vor ihr ein kleines Mädchen steht und dieses fragt: »Du, kannst du mir mal sagen, wie spät es ist?«

»Bist du denn ganz allein unterwegs?«, will Charlotte wissen und sagt ihr, dass es gleich halb sechs Uhr ist.

»Ja, ich sollte für Mama da drüben aus dem Blumenladen nur die Tannenzweige abholen, die Mama bestellt hat. Aber ich kann die nicht holen.«

Nun fängt das Mädchen an zu weinen.

»Wo wohnst du denn? Und wie alt bist du?«

Das Mädchen schluchzt und wischt sich die Tränen mit dem Ärmel ihres roten Anoraks ab. »Ich werde bald sieben Jahre. Da wohne ich!« Sie zeigt auf ein Haus, das nur drei Häuser von dem Blumengeschäft entfernt ist.

»Wie heißt du denn und warum holst du die Tannenzweige nicht? Ist was passiert, oder soll ich mitkommen?«, fragt Charlotte sie leise.

»Ich heiße Amy. Ich …, ich habe das Geld verloren! Zehn Euro hat mir Mama mitgegeben.«

Es tut Charlotte leid. Denn sie kann der Kleinen ansehen, dass sie nicht weiß, was sie machen soll. »Weißt du was«, sie legt ihren Arm auf Amys Schulter, »jetzt gehen wir zusammen den Weg ab und gucken, ob wir den Zehn-Euro-Schein finden, ja?«

»Hab ich schon. Darum habe ich dich ja gefragt, wie spät es ist. Mama hat nämlich gesagt, ich soll ganz schnell wieder kommen, weil es bald dunkel wird. Auweia, ich muss nach Hause. Danke.« Nun läuft Amy los.

Charlotte überlegt kurz, dann ruft sie: »Amy, warte, bitte komm noch mal zurück.«

Amy bleibt stehen und schüttelt den Kopf. »Ich muss nach Hause!«

So schnell Charlotte kann, geht sie zu ihr. »Bitte komm

mal mit. Du brauchst keine Angst haben. Wir beide holen jetzt schnell die Tannenzweige und ich bezahle sie. Deine Mama braucht die doch bestimmt. Oder?«

»Ehrlich, du willst die bezahlen? Morgen will Mama mit mir einen Adventskranz machen.«

Nachdem Charlotte Amy mehrmals versichert hat, dass sie ihr gern helfen möchte, gehen sie zusammen in das kleine Blumengeschäft.

Als das niedliche Mädchen am Tresen steht, lächelt die Verkäuferin sie an und sagt:»Na, Amy, du willst bestimmt die Tannenzweige abholen, die deine Mutter vorgestern bestellt hat. Hier sind sie, sie sind ganz frisch. Sechs Euro bekomme ich von dir.«

Ehe Amy antworten kann, legt Charlotte sechs Euro auf den Tresen und dann verlassen das Mädchen und sie wieder das Geschäft.

Gerade als Charlotte sich von Amy vor der Tür verabschieden will, kommt eine Frau auf beide zugelaufen. Dass sie ganz aufgeregt ist, kann man ihr ansehen.

Aber erst als sie direkt vor Amy steht und die Frau das Mädchen in die Arme schließt, erkennt Charlotte sie.

Gern hätte sie sie gleich angesprochen, aber die Frau streichelt immer wieder über das Gesicht des Mädchens und stammelt:»Amy…, Amy …, wo bleibst du denn nur? Ich habe mir ja solche Sorgen gemacht. Und die Tannenzweige? Hat Frau Liebermann sie dir etwa ohne Geld mitgegeben?«

»Nein, die hat die Frau bezahlt.« Amy zeigt mit ihrem Zeigefinger auf Charlotte.»Mama, ich habe …, ich habe die zehn Euro verloren. Und weil ich die gesucht habe, hat es so lange gedauert. Bist du jetzt böse auf mich?«

Erstaunt sieht Amys Mutter nun Charlotte an.»Frau

Wegerich? Sie sind doch Frau Wegerich? Guten Abend, und Sie haben die Tannenzweige bezahlt?«

»Guten Abend, Frau Kruse. Ja, habe ich. Ihre Tochter war untröstlich. Aber …,« Charlotte überlegt kurz, »arbeiten Sie nicht in der Physio-Praxis, zu der mein Mann immer zur Behandlung hingegangen ist?«

»Stimmt! Und Sie sind Frau Wegerich, richtig? Ja, Ihr Mann ist bis zu seinem plötzlichen Tod immer zu uns gekommen.« Sie zögert, weil sie überlegt, ob sie noch etwas sagen soll. Doch dann sieht Frau Kruse ihre Tochter an und sagt zu ihr im ruhigen Ton: »Amy, aber du hast das Geld nicht draußen verloren, es lag zu Hause im Flur, mitten auf dem Fußboden. Und als ich das eben gefunden habe, da wusste ich, dass du den Geldschein bestimmt suchst. Ach, meine Kleine, ich bin ja so froh, dass dir nichts passiert ist!«

»Du, Mama«, Amy stupst ihre Mutter an, »die nette Frau bekommt aber noch sechs Euro von dir. So viel haben die Tannenzweige gekostet!«

»Oh, mein Gott, entschuldigen Sie, Frau Wegerich, das hätte ich jetzt glatt vergessen!« Dann gibt sie ihr den Zehn-Euro-Schein.

Ohne zu zögern, drückt Charlotte die zehn Euro der kleinen Amy in die Hand und meint lächelnd: »Die sechs Euro, die die Tannenzweige gekostet haben, schenke ich dir. Aber die restlichen vier Euro musst du zu Hause deiner Mama geben, die gehören ihr. Kaufe dir von deinem Geld einen extra großen Schokoladen-Weihnachtsmann oder etwas, was du gerne haben möchtest. Aber jetzt muss ich mich sputen, ich will mir noch einen schönen Adventskranz kaufen, bevor das Geschäft schließt. Auf Wiedersehen und eine schöne Adventszeit, Frau Kruse. Tschüss, Amy!«

»Auf Wiedersehen, Frau Wegerich. Und vielen Dank, dass Sie meiner Amy geholfen haben.«

Nun geht die Kleine zu Charlotte hin. Dann umfasst sie mit beiden Armen ihre Taille, drückt sie und bedankt sich bei ihr.

Danach trennen sich ihre Wege.

Schnellen Schrittes geht Charlotte noch einmal in das Blumengeschäft. Dort sucht sie sich einen zauberhaft dekorierten Adventskranz aus, auf dem vier dicke rote Stumpenkerzen angebracht sind.

Zuhause angelangt, stellt sie den Adventskranz auf den Wohnzimmertisch. Und als sie sich den Kranz betrachtet, freut sich Charlotte, dass sie an den Adventssonntagen die roten Kerzen anzünden kann. Dass der helle Schein der Kerzen ihrem Wohnzimmer, aber auch ihrer Seele, Licht und Wärme spenden wird, davon ist sie überzeugt. Mit einem zufriedenen Lächeln im Gesicht lässt sie sich in ihren Sessel plumpsen, schließt die Augen und denkt über die letzte Stunde nach.

Zwei Tage später.

Am frühen Morgen hat Charlotte Appetit auf ofenfrische Brötchen. Darum beeilt sie sich auch. Denn sie will schnell zum Bäcker fahren und sich dort zum Frühstück leckere Brötchen kaufen.

Als sie mit ihrer Brötchentüte in der Hand zurückkommt und die Tageszeitung aus dem Briefkasten rausnimmt, findet sie darin einen Briefumschlag vor.

Post, schon so früh am Morgen? denkt Charlotte, während sie erstaunt auf den Umschlag blickt. Dann sieht sie, dass da jemand in ungelenker Handschrift und in Druckbuchstaben draufgeschrieben hat:

FRAU WEGERICH.

Vor sich hin grinsend geht sie mit den Brötchen, der Zeitung und dem Brief in ihre Wohnung.

Nachdem der Kaffee durchgelaufen ist und Charlotte am gedeckten Frühstückstisch sitzt, öffnet sie den unfrankierten Briefumschlag. Und als sie das weiße Blatt Papier auseinandergefaltet und die erste Zeile gelesen hat, kommen ihr die Tränen. Charlotte legt das Schreiben zur Seite, wischt sich mit ihrem Taschentuch über die Augen, dann nimmt sie den Brief wieder hoch und fängt noch einmal an zu lesen.

Ich bin es, Amy.

Frau Wegerich, Mama und ich wollen Sie am 1. Advent zum Kaffee einladen. Sie kommen doch? Mama hat zu mir gesagt, ich soll drei Uhr schreiben. Ich freue mich und meine Mama auch.

Amy.

Charlottes Blick fällt aus dem Fenster. Und während sie zum Himmel hochschaut, faltet sie ihre Hände und redet in Gedanken mit ihrem Mann. *Das hast du aber toll eingefädelt, mein alter Buddelbatz! Nun bin ich am ersten Advent nicht allein. Jetzt bin ich guter Hoffnung, dass die Weihnachtszeit doch ganz schön wird. Und weißt du was: Vorfreude ist die schönste Freude. Ich danke dir.*

Weihnachten ist vorüber.

Während Charlotte am Fenster steht, dem Schneetreiben zuschaut und ein Lächeln über ihr faltenreiches Gesicht huscht, erinnert sie sich ...

Die Stunden, die sie am ersten Advent bei Frau Kruse und ihrer Tochter verbracht hatte, waren wie im Flug vergangen. Aber das war längst noch nicht alles. Selbst am Heiligen Abend hatten Amy und ihre Mutter sie zur Bescherung zu sich geholt. Zwar hatten ihr, ganz besonders in diesem Jahr, ihr verstorbener Mann und die eigenen Familienmitglieder sehr gefehlt, aber für sie war dieser Heiligabend ein Fest der Nächstenliebe. Diese Heilige Nacht, die sie bei der kleinen Amy und ihrer Mutter verbracht hatte, würde sie in dankbare Erinnerung behalten und nie vergessen können.

Nur ein Kalenderblatt

Leos Frauchen steht vorm Kalender!
Mein Gott, wir haben schon Dezember.
Lange schaut sie an das Blatt,
dann machen ihre Beine schlapp.

Zu dieser Zeit in jedem Jahr
war sonst ihr Leo immer da.
Doch diesmal wieder im Dezember
steht Liesel weinend vorm Kalender.

»Ich weiß nicht«, sagt sie still,
»wie ich`s allein schaffen will.
Ohne Leo …, ohne ihn
ist die Adventszeit ja so schlimm.«

Dabei hat man ihr doch gesagt,
als sie in der Klinik nachgefragt,
ob er am Tag vor Nikolaus,
wieder ist bei ihr zu Haus.

Und jetzt? Sie hält das Blatt in ihrer Hand
vom Kalender, der vor ihr hängt an der Wand.
Abend ist`s! Und draußen dunkel,
am Himmel gibt`s nur noch Gefunkel.

Liesel steht weiter vorm Kalender
und sagt: »Wir haben schon Dezember!
Die Weihnachtszeit ist ganz nah,
und du, mein Leo, bist nicht da.«

Während sie traurig dasteht,
jemand zu ihrer Haustür geht.
Die Glocke klingelt, sie macht auf.
Tränen kullern nun zuhauf.

Ein Mann im roten Gewand
trägt ihren Leo in der Hand.
»Schau, Liesel, ich hab ihn gefunden,
vorm Himmelstor vor einigen Stunden!«

»Vorm Himmelstor?«, die Liesel spricht,
doch die Stimme gehorcht ihr nicht.
Dann nimmt sie Leo entgegen
vom Nikolaus, mit Gottes Segen.

»Leolein«, Streicheleinheiten sie ihm gibt,
»mein Katerchen, ich hab dich ja so lieb.«
Als Liesel zum Roten will wieder schauen,
ist der längst klammheimlich abgehauen.

Mit Leo geht Liesel wieder zum Kalender
und denkt: *Schön, ist wirklich der Dezember!*

Schlechtes Gewissen

Mia ist mächtig aufgeregt. Heute ist nämlich die Nacht, in der der Nikolaus um die Häuser stiefelt. Zappelnd sitzt sie am Abendbrottisch, rutscht auf dem Küchenstuhl hin und her und stiert aus dem Fenster.

»Mia, was ist los?«, will ihr Vater wissen.

»Nix, Paps!«

Mias Mutter muss grinsen. »Nichts?«, hakt sie nach. »Nee, Mia, das stimmt nicht. Du hast ja ganz rote Pustebäckchen. Nun sag deinem Vater schon, was los ist.«

»Das ist so typisch deine Mutter!« Luis fängt schallend an zu lachen. »Sie platzt gleich vor Neugier, aber mich schiebt sie mal wieder vors Loch.«

»Ach, hör doch auf!« Nele gibt ihrem Mann mit ihren Fuß einen Tritt vor sein Schienbein. »Du tust ja gerade

so, als wenn du es nicht wissen willst!«
»Mensch, das hat vielleicht wehgetan!«, motzt er.
Nele kichert. »Das sollte es auch!«
»Menno, seid ihr endlich fertig, euch gegenseitig an-
zumeckern? Gebt einfach zu, dass ihr beide es vor Span-
nung nicht mehr aushaltet.« Genervt schiebt Mia den
Küchenstuhl zurück und steht mit dem Kommentar:
»Mir ist echt der Appetit vergangen«, vom Tisch auf.
»Mia, setz dich wieder hin«, fordert Luis seine Tochter
auf. »Wir sind noch nicht fertig und dein Brot hast du
auch nicht aufgegessen.«
Die Achtjährige sieht ihren Vater mit einem bitterbö-
sen Blick an und während sie der Aufforderung wider-
willig nachkommt, meint sie aufmüpfig: »Nur weil ich
euer Kind bin, müsst ihr aber nicht immer recht haben.«
Nele und Luis sehen sich ratlos an. So kennen sie ihr
Kind nicht. Irgendwas muss passiert sein, dass sie so
unwirsch reagiert. Zumal es für eine derartige Reaktion
keinen triftigen Grund gibt. Normalerweise frotzelt sie
sogar gerne mit, wenn ihre Eltern sich zoffen. Aber
heute?
Als Nele sieht, dass sich die Augen ihrer Tochter mit
Tränen füllen, greift sie über den Tisch und fasst nach
Mias Hand. »Willst du uns denn nicht sagen, was dich
bedrückt? So schlimm kann es doch gar nicht sein. Mia,
wir können doch über alles reden.«
»Will ich aber nicht!« Demonstrativ schaut sie an ihrer
Mutter vorbei und beißt in ihr Käsebrot.
»Lass sie, es hat eben keinen Zweck!«, stellt Luis fest.
»Du hörst es ja, unser Zuckerpüppchen möchte nicht
mit uns reden.«
Nele zuppelt an der Tischdecke. »Ich bin nicht klein!
Ich bin schon groß! Und euer Zuckerpüppchen bin ich

auch nicht. Paps, du sollst das nicht immer sagen!«

»Na, Mia, wenn du ein großes Mädchen bist, dann verhalte dich auch so. Nur Zuckerpüppchen werden bockig, weil sie nicht wissen, was sie sagen sollen. Aber du weißt es doch, oder irre ich mich?«

Mias Augen blitzen ihren Vater an. »Ihr habt eben doch auch rumgezickt und mich geärgert. Immer das doofe Bohren, was los ist und so!«

»Ist gut!« Nele steht auf, geht zu ihrer Tochter, drückt sie an sich und flüstert ihr ins Ohr: »Wir fragen nichts mehr. Wenn du uns erzählen möchtest, was du hast, dann komm einfach zu mir und deinem Vater.«

»Mach ich, Ma.« Dann sieht Nele ihren Vater an und fragt ihn: »Paps, kann ich jetzt in mein Zimmer gehen?«

»Hau schon ab, meine Große!«, erwidert er lachend.

Kaum hat Mia die Tür hinter sich zugezogen, legt sie sich auf ihr Bett und fängt an zu weinen. Sie denkt über das nach, was sie vorhin getan hat. Und sie weiß, dass das nicht richtig gewesen ist.

Nur wie soll sie aus der Nummer wieder rauskommen? Schließlich hat sie heute in der großen Schulpause eine saublöde Wette mit ihrer einzigen Schulfreundin abgeschlossen! Jenny will den Brief sehen, den der Nikolaus ihr dieses Jahr in ihren Schuh legt.

Warum habe ich Jenny überhaupt erzählt, dass ich immer am Nikolaustag einen Brief vom Nikolaus bekomme? Dabei weiß ich doch, dass es den gar nicht gibt. Oder gibt es ihn doch? Und wenn ich morgen keinen Brief im Schuh habe? Was soll ich denn dann Jenny sagen? Die denkt doch, dass ich lüge. Und ich bekomme morgen bestimmt keinen Brief von ihm, denn ich habe vorhin ja …

Es klopft an ihre Zimmertür. Als Mia nicht antwortet,

öffnet sich langsam die Tür.

»Wir sind`s. Dürfen wir kurz reinkommen?«

Schon stehen Nele und Luis im Zimmer und als sie sehen, dass ihre Tochter weinend im Bett liegt, machen sie sich Sorgen.

»Um Himmels Willen, Mia, was ist denn passiert?« Luis geht zu seiner Tochter und zieht sie vom Bett hoch. »Bitte rede mit mir. Oder willst du lieber mit deiner Mutter allein sprechen?«

Wild schüttelt sie den Kopf, bevor sie schluchzend sagt: »Ich …, ich weiß ja, dass es den Nikolaus in Wahrheit nicht gibt. Und das hat Jenny auch gesagt. Aber, aber …, ich hab ihr heute versprochen, dass ich morgen den Brief vom Nikolaus mit in die Schule bringe. Ich soll ihr den mal zeigen. Jenny will den sehen.«

In Windeseile geht Nele zu ihrem Kind und nimmt Mia fest in ihre Arme. »Süße, ist das der Grund, warum du weinst? Wenn das so ist, dann verspreche ich dir, dass der Nikolaus dir bestimmt wieder einen Brief in deinen Schuh legen wird!«

»Ma, das glaube ich nicht. Der ist bestimmt böse auf mich.«

»Was sagst du denn da, mein Zuckerpüpp…, meine Große?« Luis streicht über die langen Haare seiner Tochter. »Der Nikolaus kann auf mein Mädchen doch gar nicht böse sein!«

»Doch, das kann er!«, ruft Mia und weint weiter.

»Mia, du hast doch gerade gesagt, dass es den Nikolaus gar nicht gibt. Wenn das so ist, dann kann der doch nicht böse auf dich sein!«, versucht Luis sein aufgelöstes Kind zu beruhigen.

Mit verweintem Gesicht sieht sie ihren Vater an. »Und wenn es ihn doch gibt?«

Nele muss lächeln, als sie zu ihrer Tochter sagt:»Dann hat er dir auch wieder einen Brief geschrieben!«

Mia senkt verschämt den Kopf, als sie ihre Eltern leise fragt:»Auch wenn ich vorhin statt meinem Halbschuh Papas Gummistiefel geputzt und vor die Tür gestellt habe? Ich dachte, dass da viel mehr hineinpasst. Ob der Nikolaus mir da was reinpackt?«

Mias Eltern müssen lachen.

»Ach, Mialein«, Nele schaut ihre Tochter an,»der Nikolaus macht das schon! Und morgen gehst du in die Schule und zeigst deiner Freundin dann den Brief!«

»Ehrlich, Ma? Versprichst du mir das, Paps?«

Wie auf Kommando sagen sie:»Großes Ehrenwort!«

Nun legt Nele den Arm um Mias Schultern und sagt: »Aber jetzt machst du dich bitte fertig und gehst schlafen. Denn der Nikolaus ist sicherlich auf dem Weg zu uns. Ich bin echt gespannt, ob ich den heute Nacht lachen höre, wenn er statt deinem Schuh den Gummistiefel von deinem Paps füllen muss.«

Jetzt schlingt Mia ihre Arme um den Hals ihrer Mutter und flüstert:»Auch wenn es ihn vielleicht nicht gibt: Der Nikolaus ist doch der Allerbeste! Sagst du das bitte meinem Paps?«

Luis, der noch im Türrahmen steht und gehört hat was seine Tochter gesagt hat, sieht sie an und sagt schmunzelnd:»Braucht deine Ma ihm nicht sagen, der Nikolaus, Mia, er hat`s grad selbst gehört!«

Was folgt ist ein allerseits herzhaftes Lachen. Dass dieser Tag für die Achtjährige frohgemut zu Ende geht, darüber freuen sich besonders Mias Eltern.

Plätzchen backen

Wenn die Adventszeit naht,
Oma zu ihren Kindern sagt:
»Plätzchen backen will ich jetzt«,
dann ist es meistens wie verhext.

Ruckzuck kommen sie gerannt,
mit ihren Schürzen in der Hand.
Ist der Teig fertig,
die Plätzchen auf dem Blech,
soll aufgeräumt werden,
sind die Kinder *wech*.

Schokostreusel, Marzipan und Teig,
jedes Kinderherz wird butterweich,
wenn Oma in der Küche steht,
und Teig durch 'ne Spritze dreht.

Dann sind die Kleinen gefragt
denn ihre Oma, die hat gesagt:
»Bestreut die Plätzchen nun allein,
ich schieb' sie in den Ofen rein!«

In der Weihnachtsbäckerei
gibt`s jetzt Riesenschweinerei.
Eier fallen zu Boden und das Mehl staubt!
Das Chaos Oma den letzten Nerv fast raubt.

Kneten, Teig ausrollen, Plätzchen backen,
zum Weihnachtsfest gibt's leckere Sachen.
Schnell das Blech in den Ofen reingeschoben.
Fertig! Oma muss die kleinen Bäcker loben!

Die Wunschzettel

»Habt ihr euch inzwischen überlegt, was euch in diesem Jahr der Weihnachtsmann bringen soll?« Fragend schaut Rosanna ihre Tochter und ihren Sohn an.

»Nee, ich nicht. Weißt du schon was, Philipp?«, will Elisabeth von ihrem großen Bruder wissen.

»Klar, schon lange! Aber das erlauben Mama und Papa ja nicht. Darum wünsche ich mir gar nichts!« Trotzig wirft sich Philipp auf sein Bett.

»Wie?« Elisabeth sieht ihren Bruder mit großen Augen an. »Und was ist das denn, was du dir nicht wünschen darfst? Los, Phil, sag schon!«

»Na, was wohl? Einen Hund!«

»Du willst 'nen Hund?« Das hübsche elfjährige Mädchen mit den langen blonden Haaren setzt sich zu ihrem Bruder aufs Bett. »So! Wenn du dir einen Hund wünschst, dann wünsche ich mir eben eine Katze!«

Christian, der das Gespräch seiner Kinder mitbekommen hat, rennt in das Zimmer seines Sohnes. »Sagt mal, hat euch der Hafer gestochen? Es gibt weder einen Hund noch eine Katze! Das, meine Kinder, schminkt euch mal ganz schnell ab. Viecher kommen mir nicht ins Haus! Und so was braucht ihr auch gar nicht auf den Wunschzettel zu schreiben!«

»Wunschzettel! Weihnachtsmann! So ein Blödsinn«, schimpft der dreizehnjährige Philipp und tippt sich dabei mit dem Zeigefinger an die Stirn.

Elisabeth blickt ihren großen Bruder an und nickt zustimmend, bevor sie zu ihrem Vater sagt: »Phil hat recht! Den Weihnachtsmann gibt es nicht und unsere Wunschzettel sackt ihr sowieso ein. Ich will auch nichts mehr haben!«

Gerade als Christian aus der Haut fahren will, greift Rosanna ein. »Sofort hört ihr auf zu streiten! Und in so einem Ton, meine Kinder, redet ihr nicht noch einmal mit eurem Vater! Und du, mein lieber Mann, Tiere sind keine Viecher! Was ist denn eben in euch gefahren? Wie auch immer! Morgen früh liegen die Wunschzettel auf euren Schreibtischen, verstanden?«

Noch ehe die drei Streithammel antworten können, verlässt Rosanna das Zimmer.

Grienend sieht Christian seine Kinder an. »Ihr wisst ja, eure Mutter hat das letzte Wort. Und ich glaube, sie hat es verdammt ernst gemeint. Also, ihr beide, nun will ich nicht länger stören. Na, dann, viel Spaß beim Schreiben eurer Wunschzettel!«

Zum Glück verlässt er jetzt schnellstens das Zimmer, denn sonst wäre ihm nämlich das Kuschel-Kopfkissen an den Kopf geflogen, das Philipp ihm lachend hinterhergeworfen hat.

»Menschenskinder, unsere Mutter ist echt geladen, oder was sagst du, Schwesterherz?«

»Logo! Hast du nicht gesehen, dass in Mamas Augen Wutsterne immer wieder aufgeblitzt sind? Wenn vorhin Silvester gewesen wäre, hätten ihre Augen Wunderkerzen sein können!«

Lachend gibt Philipp seiner kleinen Schwester einen Knuff. »Du bist echt `ne Marke. Los, Lisbethchen, geh jetzt in dein Zimmer. Du schreibst da deinen Wunschzettel und ich schreibe meinen hier.«

»Okidoki! Und was wünschst du dir nun?«, will Elisabeth wissen.

»Na, was wohl? Los, verschwinde endlich. Ich will jetzt den doofen Wunschzettel schreiben.«

Schmollend und lautstark vor sich hin zeternd geht seine Schwester nun in ihr Kinderzimmer, holt sich ihren Füller und ein Blatt Papier. Dann setzt sie sich auf den Drehstuhl, schiebt ihn in die richtige Position, und als sie vorm Schreibtisch sitzt, überlegt sie krampfhaft, was sie auf das blöde weiße Blatt schreiben soll.

Am nächsten Morgen, nachdem Rosanna ihren Mann und die Kinder geweckt hat und alle zusammen gefrühstückt haben, verabschieden sich Elisabeth und Philipp von ihren Eltern. Anschließend machen sie sich auf den Weg zur Schule. Den gehen sie immer zu Fuß, weil der Fußmarsch in gut fünf Minuten zu schaffen ist.

Während Christian noch am Frühstückstisch sitzt und seinen Kaffee trinkt, hält es seine Frau am Küchentisch nicht mehr länger aus. »Du, Christian, ich komme gleich wieder, gehe mal kurz was nachsehen!«

»Du willst ja nur wissen, ob die beiden ihre Wunschzettel geschrieben haben, stimmt`s?«

»Und wenn schon! Wäre das schlimm?«

Lachend verschwindet seine Frau.

»Nee, aber es wäre verdammt neugierig!«, brüllt er ihr hinterher.

Keine zwei Minuten später ist Rosanna wieder in der Küche und hält ihrem Mann zwei Briefumschläge vor die Nase. Dann wedelt sie damit vor seinem Gesicht rum und meint kichernd: »Hier, sieh mal!«

»Nun wird der Hund in der Pfanne verrückt! Wirklich zwei Briefe?« Christian nimmt seiner Frau die Umschläge aus der Hand. »Und zugeklebt haben die beiden Frechdachse die auch noch!«

»Das ist aber längst noch nicht alles!« Rosanna fängt an zu kichern, als sie sich wieder zu ihrem Mann an den Küchentisch setzt. Und nachdem sie einige Schlucke Kaffee getrunken hat, meint sie noch: »Dann musst du erst mal lesen, was unsere Kinder auf die Umschläge geschrieben haben!«

Nachdem sich Christian seine Brille hergeholt und aufgesetzt hat, nimmt er sich nochmal der Umschläge an. Aus den Augenwinkeln sieht er, dass ihn seine Frau dabei beobachtet und dass sie sich nur sehr schwer ein Lachen verkneifen kann.

»Nun lies schon! Aber laut, los, ich höre!«

»Du weißt doch schon, was da draufsteht!«

»Trotzdem, ich möchte das so gern aus deinem Mund hören. Mensch, Chris, mach hin!«

»Du nervst, Sanna, aber so richtig. Okay, ich fange an, damit du endlich Ruhe gibst!«

»Na endlich, wird auch langsam Zeit.«

Dann liest er vor, was auf dem ersten Umschlag steht:

»Für den Weihnachtsmann,
der Tiere Viecher nennt! «

»Das hat doch Philipp geschrieben!«, poltert er los. »Ganz schön frech, dein Herr Sohn.«

Dann greift er zu Nummer zwei und liest laut vor:

»Für das liebe Christkind
im Tierheim.«

»Das ist so typisch mein kleines Mädchen!«, meint er lächelnd und drückt den Umschlag an seine Brust.

Und als er die beiden Umschläge wieder vor sich auf den Tisch legt, stellt seine Frau klar: »Ach nee, habe ich richtig gehört? Sagtest du gerade mein Mädchen? Hm, nun frage ich mich: Bist du etwa das liebe Christkind? Wohl kaum! Dann bist du wohl doch mit dem tierfeindlichen Weihnachtsmann gemeint!« Rosanna fängt schallend an zu lachen, als sie hinzufügt: »Und zwar von deinem Herrn Sohn.«

»Du hast den Schuss wohl nicht gehört! Schließlich sind es unsere Kinder! Oder hat der Esel sie etwa im Galopp verloren und beide bei uns vor der Türe abgelegt?«, motzt er ertappt zurück.

»Unsere! Auf einmal!« Rosanna muss so lachen, dass ihr Tränen übers Gesicht laufen. Doch schon im nächsten Moment meint sie kichernd: »Nun schieb mal die Briefe rüber. Ich will endlich wissen, was sich unsere Kinder vom lieben Christkind und vom bösen Weihnachtsmann wünschen!«

»Wenn du nicht immer rumsticheln kannst, dann fehlt dir wohl was, oder? Nimm sie einfach! Sie liegen doch fast vor deiner Nase. Aber jetzt liest du vor!«

»Okay, dann schalte deine Ohren auf Empfang! Ich beginne mit deinem Brief!«

»Das war mir klar!«

Jetzt liest Rosanna vor, was auf dem Blatt steht.

Wunschzettel von Philipp Krüger

Hallo Weihnachtsmann!
Obwohl es dich gar nicht gibt, wurde ich dazu gezwungen, dir einen Wunschzettel zu schreiben. Du musst schon zugeben, dass das echt Kinderverarschen ist. Mit dir kann ich so reden, weil du Tiere ja sogar als Viecher betiteln darfst. Unterste Schublade, sage ich nur! Allerunterste! Doch damit musst du klarkommen, nicht ich.
Und das ist mein Wunsch: Ich wünsche mir von dir eine Hündin. Keine Viechin, sondern eine richtige Hündin, aber keinen Rüden, kein Viech! Und warum ich eine Hündin haben möchte, das sage ich dir auch noch. Weil die viel lieber sind.
Du bist vorhin ja das beste Beispiel für mich gewesen! Ich sage nur: Viecher! Was anderes wünsche ich mir nicht von Mama und dir. Nur eine kleine, liebe Luna. Ach so, und gut kümmern tu ich mich natürlich um sie, darauf gebe ich dir mein Ehrenwort.

Dein Sohn Philipp!

Unwirsch fährt Christian seine Frau an: »Bevor mich der Schlag trifft, lies schnell noch den andern vor! Ich fasse es nicht, was der Bengel da geschrieben hat!«

Ohne lang zu zögern, dafür mit einem breiten Grinsen im Gesicht, holt Rosanna das zweite Schreiben aus dem anderen Umschlag hervor. Sie fängt an zu lächeln.

Dann beginnt sie ihrem Mann laut vorzulesen, was auf diesem Blatt Papier steht.

Liebes Christkind im Tierheim.

Ich soll ja einen Wunschzettel schreiben. Aber den möchte ich nicht an den bösen Weihnachtsmann schicken. Du sollst den kriegen.
Weißt du, ich wünsche mir einen Gipsy. Ein kleines Katerchen, einen Babykater. Bitte, liebes Christkind, bringe mir doch einen zu Weihnachten. Ich habe das auch wirklich ganz doll lieb, versprochen. Auch wenn Papa keine Tiere mag, er muss Gipsy ja nicht sehen und streicheln muss er mein Kätzchen auch nicht. Er sagt sowieso immer nur Viecher zu allen Tieren. Das finde ich echt doof und ganz gemein.
Bitte sprich mit Papa und Mama, dass sie es erlauben. Machst du das, liebes Christkind? Ich wünsche mir nur Gipsy von dir, mehr nicht. Und Phil wünscht sich so sehr einen Hund.

Elisabeth Krüger.

Während Rosanna ihrem Mann Elisabeths Wunschzettel vorliest, bemerkt sie, dass seine Gesichtszüge bei jedem Satz sanftmütiger werden. Weil seine Frau aber auch sehen kann, dass er an dem Geschriebenen zu knabbern hat, sagt sie zunächst nichts. Stattdessen steckt sie die Wunschzettel zurück in die beiden Umschläge, steht auf und versteckt beide Briefe gut im Schlafzimmer.

Dann geht sie siegessicher zurück zu ihrem Mann und legt ihm eine Hand auf die Schulter. »Und nun, Chris?

Was machen wir jetzt?«

Er blickt zu ihr hoch. »Weiß ich nicht. Aber wir können doch nicht klein beigeben, nur weil sie uns quasi erpressen! Schließlich geht es um Viech ….« Er stockt kurz. »Okay, um Lebewesen!«

»Mensch, du bist ja lernfähig. Die Kinder wären jetzt mächtig stolz auf dich!«

»Und wenn schon! Da kann ich mir auch nichts für kaufen. Sag mir lieber, was wir jetzt machen wollen! Willst du den beiden aufmüpfigen Gören zur Belohnung nun sogar noch ihre Wünsche erfüllen? Wo gibt es denn sowas?«

»Du Polterheini, ich weiß doch, dass du gar nicht richtig sauer bist! Außerdem müssen wir ja auch nicht klein beigeben und ihre Wünsche erfüllen! Wir nicht!«

»Wenn nicht wir, wer denn sonst, du Scherzkeks!«

»Na, ist ganz einfach! Der böse Weihnachtsmann muss nur über seinen Schatten springen und das liebe Christkind haben die Kinder bereits weichgeklopft. Siehst du! So einfach ist das, die Geschenke bekommen sie nicht von dir und mir, sondern von den himmlischen Boten!«

Rosanna gibt ihm einen Kuss. »Chris, Platz und Zeit haben wir, und was das Finanzielle anbelangt, das ist doch auch kein Problem. Außerdem sind Tiere toll, richtig toll. Sie sind Seelentröster und Familienmitglieder, halt nur welche mit Fell, und sie laufen auf vier Pfoten. Weißt du, mein Vater hat damals genauso reagiert wie du. Ich habe als Kind nie einen Hund bekommen. Und dabei habe ich mir den so gewünscht, viele Jahre. Aber er ist stur geblieben und das habe ich ihm …« Rosanna drückt die Hand ihres Mannes. »Chris, wenn ich ehrlich bin, das habe ich meinem Vater lange übel genommen und bis heute nicht vergessen.«

»Ehrlich, Sanna, du spinnst! Man kann auch übertreiben. Haste nicht vergessen.« Er schüttelt den Kopf. »Nun weiß ich endlich, von wem die Kinder diese Hartnäckigkeit geerbt haben! Aber ich habe anscheinend null Chance. Es steht eh drei zu eins! Mein Gott, womit habe ich das nur verdient? Und wie soll es nun weitergehen? Was hast du vor? Wo sollen wir denn innerhalb von drei Wochen die Vieh ..., 'nen Hund und 'ne Katze herbekommen?«

Christian zieht seine Frau zu sich auf den Schoß, drückt sie an sich und schüttelt ungläubig den Kopf. Er kann es nicht glauben, dass seine Familie ihn wieder einmal ausgetrickst hat.

Als sich Rosanna aus der Umarmung gelöst hat und nicht mehr auf Christians Schoß sitzt, knufft sie ihn noch einmal an. »Du meinst eine kleine Hündin und einen Kater, eine Luna und einen Gipsy. Du musst aber schon zugeben, dass sich unsere Elisabeth und unser Philipp wirklich schöne Namen für ihre Wunschtiere ausgedacht haben. Und eine Idee, oh ja, die habe ich auch schon!«

»Warum wundere ich mich nicht darüber! Dann leg mal los, Sanna, ich höre!«

Ausführlich erzählt sie nun ihrem Mann von ihrem Plan und als sie fertig ist, sieht sie ihn fragend an.

»Was auch immer ich dagegen einzuwenden hätte, du würdest jedes Gegenargument zerpflücken!« Christian muss grienen. »Auch wenn ich es nur ungern zugebe, das, was du ausgeheckt hast, es ist gut! Meinen Segen hast du!«

Am Heiligen Abend geht Rosanna um sechzehn Uhr in

die Kinderzimmer. Zuerst klopft sie an Elisabeths und dann an Philipps Tür an. Nachdem beide wissen, dass sie in einer halben Stunde zum Gottesdienst aufbrechen wollen, machen sich auch Christian und Rosanna für den Weg zur Kirche fertig.

Auf das Krippenspiel am Heiligenabend und auf die bewegende Predigt, die der Pfarrer hält, freut sich Rosanna jedes Jahr. Erst wenn die Orgel spielt und sie bei Glockengeläut die Kirche wieder verlässt, ist für sie die Heilige Nacht da. Und so ist es auch diesmal wieder.

Auf dem Nachhauseweg sind ihre Kinder sehr in sich gekehrt. Das entgeht auch ihren Eltern nicht. Und den Grund, oh ja, den kennen Rosanna und Christian nur allzu gut. Denn dass zu Weihnachten kein Tier unter dem Tannenbaum sitzen würde, das wussten Phillip und Elisabeth, als sich alle auf den Weg gemacht haben.

Das letzte kleine Fünkchen Hoffnung, dass vielleicht doch …, nein, ihre Eltern würden kein einziges Tier in der Wohnung alleinlassen! Niemals! So gut kannten die Kinder ihre Eltern.

Eine Stunde später, nachdem sie Kartoffelsalat und Würstchen gegessen haben, steht Christian vom festlich eingedeckten Esszimmertisch auf.

»So, dann will ich mal ins Wohnzimmer gehen. Ich bin gespannt, ob der Weihnachtsmann und das Christkind schon da gewesen sind! Wenn das Glöckchen läutet, könnt ihr kommen, okay?«

Freude kommt bei den Kindern nicht auf.

Elisabeth nickt und ihr Bruder sieht seinen Vater an und meint nur:»Weihnachtsmann, Christkind, schon klar, Papa! Wenn du bimmelst, kommen wir.«

Als Rosanna ihre Kinder so niedergeschlagen auf ihren Stühlen sitzen sieht, hat sie fast schon ein schlechtes Gewissen. Aber sie ist davon überzeugt, dass in wenigen Minuten aus der Traurigkeit große Freude wird.

Schon ertönt das Weihnachtsglöckchen!

Klingeling, klingeling, ling, ling!

»Kommt, lasst uns schnell zu Papa gehen. Der Weihnachtsmann ist dagewesen!«

Im Zeitlupentempo erheben sich die Kinder von ihren Stühlen und folgen ihrer Mutter ins Wohnzimmer.

Auf dem Weg dorthin flüstert Philipp seiner Schwester ins Ohr: »Freust du dich? Ich mich nicht.«

»Ich mich auch nicht!« Elisabeth sieht ihren großen Bruder an und würde am liebsten losheulen.

Dann öffnet sich die Wohnzimmertür!

Das Erste, was die beiden sehen, ist der große, wunderschön geschmückte Weihnachtsbaum, an dem unzählige kleine Lichter angebracht sind, die das Zimmer in einem warmen Licht erstrahlen lassen. Während aus dem Radio das Lied *Ihr Kinderlein kommet* ertönt, fangen die Augen der Kinder an zu leuchten. Beide lächeln ihre Eltern an und sehen endlich wieder glücklicher aus.

»Und da liegen eure Geschenke!« Rosanna deutet auf zwei Päckchen.

Christian, der inzwischen in seinem Sessel sitzt und vor sich hin schmunzelt, vollendet den Satz, indem er seine Kinder auffordert: »Nun packt schon aus, oder wollt ihr denn gar nicht wissen, was da drin ist?«

Das Eis ist gebrochen!

Elisabeth und Philipp schnappen sich das Geschenk, auf dem ihr Name steht, dann entfernen sie schnell das Schleifenband und schon fliegt im hohen Bogen das Geschenkpapier auf den Teppichboden.

Was folgt sind Freudenschreie! Dann kullern Tränen

über die Gesichter der Kinder und sie stammeln immer und immer wieder: »Danke, Mama, danke, Papa! Vielen Dank, Weihnachtsmann, danke schön Christkind!«

Dabei drücken sie das ganz fest an sich, was sie geschenkt bekommen haben, so als wollen sie ihre Geschenke gar nicht loslassen.

Doch wenig später liest Elisabeth ihrem Bruder vor, was auf dem Etikett steht, das an ihrem Geschenk, einem Stofftierkätzchen, angebracht ist:

Mein Name ist Gipsy, ich bin ein kleiner Kater. Noch lebe ich im Tierheim. Aber wenn Weihnachten vorüber ist, warte ich darauf, dass du mich zu dir holst. Machst du das, Elisabeth?

Und dann liest auch Philipp seiner kleinen Schwester vor, was auf dem Schild steht, das ein Stoffhund um seinen Hals trägt:

Siehst du, so böse ist der Weihnachtsmann gar nicht, Philipp. Er hat gesagt, dass du mich, die kleine Luna, auch zu dir holen darfst. Aber erst nach dem Fest. Ich warte im Tierheim auf dich. Hol mich da raus.

Wie oft an diesem Heiligen Abend die Eltern von ihren Kindern gedrückt worden sind, wie viele Tränen der Freude geflossen sind, das jedoch wissen nur der böse Weihnachtsmann und das liebe Christkind!

Viele Jahrzehnte später.

Für Elisabeth und Philipp war es das schönste Weihnachtsfest, das sie zusammen mit ihren Eltern erleben durften. Denn dass sie ihnen ihre inständigsten Wünsche, die sie als Kinder auf ihre Wunschzettel geschrieben hatten – damals an Heiligabend – erfüllt hatten, dafür waren sie ihren Eltern unsagbar dankbar. Obwohl ihr Vater seinerzeit strikt gegen Tiere gewesen war, war er über seinen Schatten gesprungen. Und das konnte für Elisabeth und Phillip nur heißen, dass ihr Vater und ihre Mutter sie sehr, sehr lieb hatten und immer noch lieb haben!

Spuren im Schnee

Da geht er nun – so ganz allein!
Schon bald wird Heiligabend sein.

Im Schnee sieht man seine Spur,
doch wo sind seine Freunde nur?

Zum Fest der Liebe, in ein paar Tagen,
soll ich euch dazu mal etwas sagen?

Lasst einen Menschen nicht allein,
holt ihn schnell zu euch herein!

Öffnet eure Herzen weit,
vergessen ist Schmerz und Leid.

Die Kerze der Hoffnung

Hoffnungslos blickt sich Rabea um. Alles um sie herum sieht in diesem Jahr so trostlos aus. Und wenn sie in die Gesichter der Menschen blickt, die an ihr vorbeieilen, ist kaum ein Mensch dabei, der sie beachtet oder ihr ein kleines Lächeln schenkt. Dabei ist doch in zwei Wochen schon Weihnachten. Doch selbst die weihnachtlichen Dekorationen, die sie hinter den Glasscheiben der Geschäfte sieht, können ihre Stimmung nicht aufhellen.

In diesem Jahr ist alles anders, lieblos. Und es ist viel kälter. Damit meint Rabea nicht die eisige Temperatur, die heute das Thermometer anzeigt, oh nein! Die Kälte, die die Menschen ausstrahlen, macht ihr Angst.

Rabea bleibt mitten auf dem Bürgersteig stehen und

kritisiert sich selbst: *Du bist einfach zu pessimistisch! Es ist doch überall alles geschmückt, was willst du eigentlich mehr? Die Menschen haben nur keine Zeit, aber nett sind sie alle* ... Äußerst unsanft wird sie aus ihren Gedanken gerissen und landet in der Realität.

»Muss das sein, dass Sie mit Ihrem Rollstuhl den ganzen Gehweg blockieren?«, ranzt sie ein älterer Herr an und läuft kopfschüttelnd weiter.

»Entschuldigen Sie, aber der ist doch breit genug!«, ruft sie ihm zaghaft hinterher, während sich ihre Augen mit Tränen füllen und sie dann langsam weiterfährt. Aber jetzt fährt sie mit ihrem Rollstuhl immer an den Häuserwänden entlang, damit sie bloß niemandem den Weg versperrt.

Doch gerade, als sie ausweichen und einen Bogen um den alten Mann fahren will, der vor ihr auf dem Bürgersteig sitzt, da schaut der Greis sie lächelnd an und sagt: »Und ich dachte schon, mir geht es nicht gut. Aber Sie sind noch jung und können nicht laufen. Ich kann es noch und außerdem habe ich ja auch noch meinen Willibald. Er ist die treueste Seele von allen!« Der Alte zeigt auf seinen Hund, der sich eng an ihn gekuschelt hat, und sagt dann noch: »Es tut mir leid, frohe Weihnachten, junge Frau!«

»Wie heißen Sie? Und kann ich Ihnen irgendwie behilflich sein?« Sie fährt näher zu ihm heran, beugt sich zu dem Hund hinunter und streichelt über seinen Kopf.

»Dass er das zulässt, ist ein Wunder! Willibald lässt sich nämlich von Fremden nicht anfassen. Er scheint Sie zu mögen, dann müssen Sie ein guter Mensch sein!«

»Ich mag Hunde! Vielleicht spürt er das auch nur«, erwidert Rabea und lächelt den alten, bärtigen Mann an.

»Nein, nein! Sie scheinen auch die Menschen zu mögen. Das sieht man Ihnen an. Ihre Augen strahlen Wärme und Güte aus. Und wenn ich Sie ansehe, dann weiß ich, dass Weihnachten ganz nah ist!«

»Das haben Sie aber schön gesagt. Mein Name ist Rabea und wie heißen Sie?«

»Namen sind Schall und Rauch, Rabea. Aber es war mir eine große Freude, dass ich mit Ihnen etwas plaudern konnte. Und mein Willibald hat die Streicheleinheiten sehr genossen, danke! Aber nun sollten Sie weiterfahren, es ist sehr kalt geworden und außerdem wird es schon dunkel.«

»Und was machen Sie? Sie frieren doch auch!« Dann greift Rabea nach ihrer kleinen Geldbörse, zieht einen 20-Euro-Schein daraus hervor und legt den in die faltige Hand des Alten. »Bitte holen Sie dafür für sich und Ihren Hund etwas. Gesegnete Weihnacht!«

Dann löst sie die Bremsen von ihrem Rollstuhl.

Doch als sie weiterfahren will, hört sie den alten Mann sagen: »Moment, Rabea, warten Sie bitte.« Dann greift der Greis in seinen schäbigen Rucksack, holt eine halb abgebrannte Kerze hervor und überreicht sie ihr. »Mehr habe ich nicht, was ich Ihnen geben kann. Aber das ist die Kerze der Hoffnung! Nehmen Sie sie mit nach Hause und wenn Sie die anzünden, dann denken Sie daran, dass Sie die Hoffnung nie aufgeben dürfen. Ihr Licht wird den Raum erhellen und Ihnen Wärme spenden, wenn Sie frieren!«

»Ich werde sie in Ehren halten. Danke, und wenn ich wieder in die Stadt komme, dann unterhalten wir uns wieder, ja?«

Über das Gesicht des Alten huscht ein geheimnisvolles Lächeln, als er darauf erwidert: »Wenn wir uns wiedersehen, Rabea, dann gerne!«

»Wir werden uns bestimmt wiedersehen. Ich komme ja fast täglich in die Stadt.« Dann reicht sie ihm zum Abschied ihre Hand.

Nachdem Rabea die Kerze in ihrer Tasche verstaut hat, fährt sie mit ihrem Rollstuhl weiter. Nach einigen Metern dreht sie sich noch einmal um. Aber weder den Alten noch seinen Hund kann sie sehen. Da wo beide gerade noch gesessen haben, ist der Platz leer.

Obwohl sie nicht verstehen kann, was gerade passiert ist, fährt sie überglücklich nach Hause. Sie freut sich darauf, dass sie nachher die Kerze anzünden kann. Und so komisch es auch ist, auf einmal ist alles um sie herum längst nicht mehr so trostlos. Im Gegenteil: Rabea freut sich auf Heiligabend und auf Weihnachten.

Nachtrag:

Obwohl Rabea jeden Tag die Kerze der Hoffnung angezündet hat, sind das Wachs und der Docht nie weniger geworden.

Seit jenem Tag ist Rabea mit ihrem Rollstuhl fast täglich in die Stadt gefahren, weil sie den Alten und seinen Hund wiedersehen will, weil sie sich mit dem Bärtigen unterhalten möchte und sich noch einmal für die Kerze bedanken will. Aber beide hat der Erdboden verschluckt.

Nur die Kerze – sie brennt immer noch!

Das wünsch' ich mir

Ich schreib ans Christkind einen Brief,
darin teil ich ihm mit: Ich war stets lieb.

Das soll's dem Weihnachtsmann sagen,
damit er bringt mir viele Gaben.
Doch was ich mir wünsche von ihm,
das kommt mir gerade in den Sinn:

Meine Wünsche sind nicht groß,
sie sind eher bescheiden.
Die Menschen sollen nicht zanken,
sondern besser sich mögen leiden.

Ich freue mich auch, wenn's draußen schneit,
denn dann ist Weihnachten nicht mehr weit.
Dann wünsche ich mir in der Heiligen Nacht,
dass einer auf den anderen gibt mehr acht.

Und jeder möge sich besinnen,
dass die Zeit, sie wird verrinnen.
Keine Stunde, kein Tag.
je zurückkehren mag.

Dass unsere Tage hier auf Erden,
nicht länger, sondern kürzer werden.
Wir müssen für jeden Tag dankbar sein,
der uns geschenkt wird, hier zu sein!

Ich wünsche allen zum Weihnachtsfeste
von Herzen nur das Allerbeste!
Ich wünsche mir, dass jeder für sich allein
nicht nur an Heiligabend darf glücklich sein.

Ans Christkind hab ich diesen Brief geschrieben,
ich hoffe, er bleibt nicht ungelesen liegen.

Weihnachten auf hoher See

»Ohne Papa ist alles doof!« Merle läuft aus dem Wohnzimmer und knallt die Tür hinter sich zu.

Rasputin, der bis eben friedlich ganz oben in seinem Katzenbaum geschlummert hat, springt fauchend aus seinem Kuschelplatz heraus und landet fast mitten in dem geschmückten Tannenbaum. Dann dreht er wütend einige Runden um den Baum herum. Dabei fallen etliche Kugeln vom Baum runter und gehen entzwei.

Es ist nicht das erste Mal, dass der Kater verrücktspielt. Aber dass Belinda jetzt schnell eingreifen muss, als sie die unzähligen Scherben auf dem Parkett liegen sieht, ist ihr bewusst. Sie passt den richtigen Moment ab, schnappt nach dem Kater und setzt ihn kurzerhand vor die Tür.

Dann holt sie Handfeger und Kehrblech und kehrt die feinen Scherben zusammen, die nun im Mülleimer landen. Nachdem das erledigt ist und sie sich versichert hat, dass sich Rasputin an keinem Glassplitter mehr verletzen kann, öffnet sie die Tür und lässt Rasputin wieder ins Wohnzimmer rein.

Daraufhin atmet Belinda tief durch und zählt langsam bis zehn, bevor sie an Merles Zimmertür anklopft. Ohne eine Antwort abzuwarten, drückt sie die Klinke herunter und betritt das Zimmer ihrer Tochter.

»Kannst du mir mal sagen, was das eben sollte? Merle, du weißt ganz genau, dass hier keine Türen geknallt werden. Und an Heiligabend schon gar nicht!«

Merle, die aus dem Fenster schaut, dreht sich langsam zu ihrer Mutter um. Als Belinda sieht, dass ihr Mädchen völlig verweint vor ihr steht, geht sie auf sie zu und nimmt sie wortlos in ihre Arme.

»Mama, das wollte ich nicht. Aber Papa, ich vermisse meinen Papa so sehr!«

»Ich doch auch, Merle. Aber er kann nicht bei uns sein, das wissen wir beide doch schon lange, oder?«

»Wenn schon! Ich dachte aber, dass er trotzdem eher nach Hause kommt. Heiligabend ohne Papa«, Merle schluchzt. »Ohne Papa ist Heiligabend echt beschissen! So richtig beschissen.«

Inzwischen haben sich Mutter und Tochter aufs Bett gesetzt und Belinda hat ihre Tochter immer noch an sich gedrückt.

»Mir fehlt Hans-Peter doch auch, mein Kind. Aber dafür ist dein Papa über den Jahreswechsel bei uns. Und das ist doch auch schön!«

»Ist aber nicht Weihnachten!«

»Ich kann ihn nicht herzaubern, Merle, so gern ich es auch machen würde. Er ist auf hoher See und sein Schiff befindet sich gerade auf dem Weg nach Bremerhaven. Wenn ich mich recht erinnere, legen sie morgen an und einen Tag später ist dein Vater hier! Das ist doch auch schön, nicht wahr?«

»Na toll, richtig toll! Dann ist Weihnachten ja fast vorbei!« Trotzig windet sie sich aus den Armen ihrer Mutter und steht auf. »Aber in die Kirche, da gehe ich heute nicht! Da musste allein hingehen.«

»Merle!« Belinda ist auch aufgestanden. »Sag mal, in welchem Ton redest du denn mit mir? Was habe ich dir getan? Dein Vater muss arbeiten, das darfst du nicht vergessen. Außerdem können wir nachher auch mit ihm telefonieren.«

»Telefonieren! Na bravo, noch so 'ne tolle Idee! Haste noch mehr davon auf Lager?«

»Merle, wenn du dich beruhigt hast, können wir gern weiterreden. Ich will mich mit dir nicht streiten. Dabei habe ich mir mit allem so viel Mühe gegeben!«

Enttäuscht und innerlich verletzt geht sie aus dem Zimmer. Belinda kann nicht begreifen, dass ihre Tochter ihre ganze Wut und Enttäuschung an ihr auslassen muss. Zumal Merle kein kleines Kind mehr ist und am ersten Weihnachtstag sowieso nicht zu Hause sein wird, weil sie den mit ihrem Freund verbringen will.

Nein, mit einer derartigen überzogenen Reaktion ihrer sechzehnjährigen Tochter hat Belinda nicht gerechnet. Zumal ihr Mann schon immer zur See gefahren ist und Merle es gar nicht anders kennt.

Während Belinda überlegt, was sie machen kann, damit der Heilige Abend doch noch so einigermaßen harmonisch und zu Merles Zufriedenheit stattfinden kann, hört sie das Telefon klingeln.

Belinda geht zum Telefon, nimmt den Hörer ab und meldet sich mit: »Lieberlein, guten Tag

»Linda, ich bin's!«

»Duuu? Mit deinem Anruf haben wir ja noch gar nicht gerechnet. Warte, Hansi, ich hole schnell Merle, die ist ganz traurig, weil du nicht bei uns bist.«

»Halt! Bitte warte mal kurz, mein Schatz, ich muss dir zuvor was sagen!«

»Ist was passiert?«

»Ja und nein!«

»Mach's nicht so spannend, Hansi, was ist los?«

»Ja, Linda, wo fange ich an? Also, es ist so, dass ich …«

In diesem Augenblick läutet es an der Haustür.

»Mensch, eben hat es geklingelt, ausgerechnet jetzt! Warte, Hans-Peter, ich gucke nur mal, wer das ist, bin gleich wieder da!«

Rasch geht Belinda zur Haustür und öffnet sie. Doch davor steht niemand. Wütend über diesen Klingel-streich, der zum unpassendsten Zeitpunkt erfolgt ist, will sie die Tür wieder zuschlagen, als ihr ein Strauß ro-ter Rosen vors Gesicht gehalten wird.

Sekunden später sieht sie, wer sich hinter dem Strauß versteckt hat. »Wo …, wo …, wo kommst du denn her?«

»Von hoher See, mein Schatz, von See!«

Schon liegen sie sich in den Armen und küssen sich.

Nachdem sich ihre Lippen voneinander gelöst haben und Hans-Peter seiner Frau gerade erklären will, wieso er heute schon bei ihr und seiner Tochter sein kann, hö-ren sie Merle rufen: »Mama, kannst du mir mal sagen, was hier los ist? Das Gebimmel nervt, ehrlich, das geht mir echt …!« Sie stockt. »Papa? Du? Papa!«

Dann läuft sie auf ihn zu und drückt ihn. »Wo kommst

du denn auf einmal her? «

»Von See, mein Töchterlein, von hoher See! Frohe Weihnachten! Aber wollt ihr beide mich denn gar nicht zu euch reinlassen?«

»Doch, na klar! Los, komm rein, frohe Weihnachten, Papa!« Nun dreht sich Merle zu ihrer Mutter um und fragt sie kichernd:»Und wann gehen wir in die Kirche, Mama?«

Belinda zwinkert ihr zu.»Ach so, richtig, wir wollten ja in die Kirche zum Gottesdienst gehen. Merle, in zwei Stunden müssen wir spätestens los, wenn wir einen Platz haben wollen, von dem aus wir das Krippenspiel auch wirklich gut sehen können.«

Weil er immer noch vor der Tür steht, zieht Hans-Peter seine Frau und Merle an sich und sagt sichtlich gerührt:»Frohe Weihnachten, ihr beide! Aber jetzt lasst uns endlich in die Wohnung gehen, ich möchte mir den Weihnachtsbaum ansehen. Oder gibt es in diesem Jahr etwa keinen?«

»Logo! Wartet, ich mache nur die Lichter am Baum an. Aber ihr wartet wirklich so lange, bis ich euch rufe. Okay?« Schon saust Merle ins Wohnzimmer. Kurz darauf brüllt sie:»Jetzt könnt ihr reinkommen!«

Und als alle vor dem Weihnachtsbaum stehen, an dem unzählige kleine Lichtlein wie Sterne funkeln, und im Radio *Oh Tannenbaum* erklingt, wissen sie, warum Weihnachten das Fest der Liebe ist.

Für Merle, Belinda und Hans-Peter ist diese Heilige Nacht und das Weihnachtsfest eins der schönsten für lange Zeit gewesen und auch geblieben.

Weihnacht der Tiere

Im tiefen Wald, die Tiere haben es gehört,
als sie durch leises Rufen werden gestört,
das sie vernehmen aus der Ferne,
sie blicken fragend an die Sterne.

Dann! Auf einmal wird es hell
und es steht an einer Stell'
ein Baum! Sein Licht erhellt den finst'ren Wald
ganz warm. Den Tieren ist es nicht mehr kalt.

Sie sehen sich an. Sie können's nicht fassen,
gerne würden sie ein Lied ertönen lassen.
Sie stimmen eins an. Schon hören sie genau
aus dem Regenbogenland: Wauwau! Miau!

Als aus den Augen der Tiere kullern Tränen,
flüstert eine Stimme: »Ihr müsst euch nicht schämen.
Eure Freunde haben grad an euch gedacht,
in dieser so stillen Heiligen Nacht.«

Die Blicke der Tiere gehen zum Baum!
Da steht er noch! Es ist kein Traum.
Nur dass jetzt oben in der Spitze ein einziger Stern
den Wald hell erstrahlt. Das passiert nah und fern.

Das Licht sendet ein Signal aus, sie können lesen:
Schön ist es bei euch Tieren an Heiligabend gewesen.
Frohe Weihnacht und Grüße vom Heiligen Christ,
der nicht nur im Wald, sondern überall zu Hause ist.

Plötzlich erlischt der Stern. Im Wald wird es dunkel!
Nein, doch nicht! Jetzt gibt es ein mächtiges Gefunkel
am Himmel! Das Dunkel erhellen tausende Sterne,
die Tiere hören das Glockengeläut aus der Ferne.

Jetzt hüllt die Heilige Nacht den Wald ein,
mit all ihrem Zauber, mit all ihrer Macht.
Und am Himmel funkelt nur ein Sternlein
so strahlend hell und dennoch so sacht.

Die Tiere im Wald sind sich ganz nah,
jetzt wissen sie`s! Das Jesus Kind ist da.
In dieser Nacht kommen alle zur Ruh,
nicht nur die Tiere! Auch ich und du.

Heiligabend im Pferdestall

Im Pferdestall bei Bauer Buschheister herrscht Unruhe. Dark Angel, Shadow, Pico und Ronja stehen in ihren Boxen und beobachten, was sich – seit ihrer Rückkehr von der Weide – in ihrem Stall abspielt. Nur Flora, die alte Eselin, lässt sich durch nichts und von niemandem aus der Ruhe bringen.

Schon seit den frühen Morgenstunden herrscht hier nämlich reges Kommen und Gehen. Ganz gegen den sonstigen Tagesablauf sind Dark Angel, Shadow, Pico und Ronja heute nur während der Säuberung ihrer Boxen auf die angrenzende Weide gebracht worden.

Gerade als sich die Pferde auf der schneebedeckten Weide so richtig warmlaufen, kommen Hinnerk und Gesine und bringen sie zurück in den Pferdestall. Lediglich Flora, die Eselstute, zickt mal wieder rum. Sie steht, im wahrsten Sinn des Wortes, stur wie ein Esel da und rührt sich nicht vom Fleck. Erst als Gesine einige Leckerbissen holt, lässt sie sich von ihr endlich zurück in den Stall bringen.

Als alle wieder in ihren Boxen stehen, die jetzt mit frischem Stroh ausgelegt sind, fangen Dark Angel und Shadow an zu wiehern.

Gesine geht zu ihnen hin und streicht über ihre Nüstern. »Ihr merkt wohl, dass heute alles anders ist. Aber euch passiert nichts, versprochen.«

Dann dreht sie sich um. Gerade als sie Hinnerk etwas fragen will, macht sich Flora lautstark bemerkbar.

»Nein, Frau Bockig, du bekommst jetzt nichts mehr. Deine Ration Leckerlis hast du bereits bekommen!«, stellt Gesine klar und streichelt der Eselstute schnell noch über den Kopf, bevor sie von Hinnerk wissen will, wo der große Tannenbaum aufgestellt werden soll.

Der runzelt die Stirn. »Weiß ich nicht, das hat mir der Bauer nicht gesagt.«

»Gehst du hin und fragst ihn oder soll ich das tun?«

Plötzlich ertönt eine sonore Stimme: »Hab`s gehört. Stellt ihn mitten im Gang auf. Und schmückt ihn nur mit unseren Äpfeln und den Strohsternen. Auf Wachskerzen müssen wir im Stall verzichten. Zu gefährlich. Nehmt die kabellosen Kerzen, die ich gestern noch gekauft habe. Wenn noch was ist, ich bin im Haus. Ich schicke euch aber gleich noch Verstärkung. Ach so, und die Bänke und Tische verteilt entlang des Ganges. Aber zuvor hier drinnen noch etwas sauber machen.«

»Gut, Bauer, wir wissen Bescheid,« erwidert Gesine. »Hinnerk und ich machen uns sofort an die Arbeit.«

Es dauert nicht lange, schon erscheinen Imke, Enno

und Fite im Pferdestall und gehen Hinnerk und Gesine eifrig zur Hand. Nachdem sie den gesamten Stall auf Hochglanz gebracht haben, stellen sie den riesengroßen Weihnachtsbaum auf. Er ist so groß, dass seine Spitze fast das Stalldach erreicht. Staunend stehen nun die Mägde und Knechte vor dem Baum, den Bauer Buschheister erst tags zuvor aus dem Wald geholt hat.

»Und wer schmückt den jetzt?«, fragt Hinnerk in die Runde.

»Wenn ihr meine Meinung wissen wollt«, erwidert Fite, »würde ich vorschlagen, dass das Gesine und Imke machen und wir drei Mannsleute holen derweil schon die Tische und Bänke rein.«

»Dann los«, treibt Enno seine Kumpel an, »lasst uns die aus der Scheune holen, ehe der Bauer uns Beine macht!«

Zwei Stunden später erstrahlt der Pferdestall im weihnachtlichen Glanz. Der Weihnachtsbaum sieht wunderschön aus. Die kabellosen LED-Kerzen stören nicht, weil die roten und grünen Äpfel, zusammen mit den unzähligen Strohsternen, der Tanne eine ganz besondere Ausdruckskraft verleihen.

Das Einzige, was jetzt noch fehlt, ist der Tischschmuck. Aber weder Tafeltücher noch sonstige Deko hat die Bäuerin ihnen ausgehändigt. Doch so nackt, da sind sich Gesine, Imke, Hinnerk, Enno und Fite einig, kann es nicht bleiben.

Als sich Enno auf eine der Holzbänke setzt, sieht er seine männlichen Mitstreiter an. Dann zeigt er auf Hinnerk. »Du, mein Freund, bist der Älteste von uns und am längsten auf dem Hof.«

»Was willst du mir denn damit sagen?«

»Dass du jetzt rüber gehst und die Bäuerin um Tischdecken bittest. Und dann kannst du den Bauern auch gleich fragen, was sonst noch anliegt.«

»Ach nee!« Hinnerk muss lachen. »Und warum gehst du nicht rüber? Hast wohl Schiss in der Büx? Oder suchst du mal wieder 'nen Dummen?«

»Letzteres wird`s sein!«, hören sie auf einmal die Bäuerin sagen, die unbemerkt den Pferdestall betreten hat. »Aber ihr habt jetzt erst mal Feierabend. Was ihr bewerkstelligt habt, gefällt mir sehr gut. Danke euch allen! Der Weihnachtsbaum ist traumhaft schön geworden. Und die Tische und Bänke habt ihr auch gut platziert. Aber jetzt raus mit euch.«

Die Fünf sehen sich sprachlos an. Dann sieht Fite auf seine Armbanduhr und sagt zu der Bäuerin: »Es ist erst kurz nach zehn Uhr. Wir haben doch noch Dienst.«

Weiter kommt er nicht, denn dann fällt ihm der Bauer ins Wort, der jetzt auch im Stall aufgetaucht ist.

»Ihr haut jetzt ab. Und um dreizehn Uhr sehen wir uns hier bei den Pferden und unserer Flora zu einer kleinen Weihnachtsfeier wieder. Viel Zeit zum weihnachtlichen Zusammensitzen haben wir nicht, schließlich wollt ihr ja alle zu Hause den Heiligen Abend verbringen. Also, Abmarsch!«

Mit großen Augen schaut Gesine den Bauern und dann die Bäuerin an. »Wirklich? Sie brauchen uns auf dem Hof nicht mehr?«

Doch die lacht nur, als sie antwortet: »Auf was wartet ihr eigentlich noch? Habt ihr nicht gehört, was der Bauer gesagt hat? Raus hier!«

Als Gesine, Imke, Hinnerk, Enno und Fite den Pferdestall im Laufschritt verlassen haben, ruft ihnen Bauer Buschheister hinterher: »Seid pünktlich wieder hier!«

Daraufhin drehen sich alle nochmal um, winken ihrer Chefin und dem Chef zu und nicken mit den Köpfen.

Kurz vor der verabredeten Uhrzeit steht das Bauernehepaar Buschheister vor der zweiflügeligen Holztür, die ins Innere des Pferdestalls führt.

»Sie kommen, Knut!«

Er stößt seine Frau an. »Silke, ich komme gleich wieder, ich gehe kurz rein und schalte die Kerzen am Baum an. Außerdem will ich eine Weihnachts-CD einlegen.«

»Nicht nur einlegen, anmachen!«, ruft seine Frau.

»Ach nee, da wäre ich von allein ja gar nicht draufgekommen!« Weg ist er.

Als der Bauer wieder aus dem Pferdestall zurückkommt, treffen zeitgleich Gesine, Imke, Hinnerk, Enno und Fite ein. Nachdem sich alle freundschaftlich begrüßt haben, ergreift die Bäuerin das Wort.

»Schön, dass ihr gekommen seid. Mein Mann und ich freuen uns, dass wir ein, zwei Stunden am Heiligen Abend, na ja«, sie lacht, »am Mittag zusammen verbringen können. Schließlich gehört ihr schon zur Familie. Dann wollen wir mal reingehen. Folgt uns bitte.«

Nun öffnet der Bauer die Holztür. Was die Mägde und Knechte der Eheleute Buschheisters dahinter erwartet, verschlägt ihnen die Sprache. Okay, wie der Baum aussieht, das wissen sie ja. Und wo die Tische und Bänke stehen, ist ihnen auch bekannt.

Aber dass jetzt vor dem Weihnachtsbaum eine große Krippe aufgebaut ist und dass Flora neben dieser steht, so als würde sie das Kind in der Krippe bewachen, so etwas haben sie zuvor noch nie gesehen.

Langsam gehen sie weiter ins Innere. Jetzt sehen sie, dass selbst die Türen der Pferdeboxen von Dark Angel,

Shadow, Pico und Ronja weihnachtlich geschmückt sind. Und als in diesem Moment das Lied ertönt: *Es ist ein Ros entsprungen*, bekommen alle eine Gänsehaut. Wie angewurzelt stehen die Mägde und Knechte vor dem Weihnachtsbaum und wagen kaum zu atmen. Zwar haben sie schon viele Weihnachtsfeste erlebt, aber so eine Atmosphäre wie hier bei Buschheisters im Pferdestall, so etwas haben sie sich in ihren kühnsten Träumen nicht vorstellen können.

Plötzlich räuspert sich der Bauer. »Wenn wir uns nicht bald hinsetzen, dann wird das Essen kalt!«

Erst jetzt sehen sie, mit wie viel Liebe die Bäuerin den Tisch eingedeckt hat und dass auf jedem Platz ein Geschenk liegt.

»Setzt euch bitte!«, fordert die Bäuerin ihre Gäste auf. »Und eure Geschenke, die nehmt ihr nachher mit und öffnet sie am Abend. Jetzt greift zu und lasst es euch schmecken. Frohe Weihnachten, Gesine, Imke, Hinnerk, Enno und Fite!«

Daraufhin erhebt der Bauer das Glas und ruft: »Frohes Fest, Jungs und Mädels.«

»Frohes Fest, Chef und Chefin!«, erwidert Gesine. »Und danke für die Einladung, die Geschenke und die gelungene, schöne Weihnachtsüberraschung!«

Jetzt steht Enno nochmal auf. »Bauer, soll ich Flora denn wieder in ihre Box bringen?«

»Mach das, mein Junge!«

Nachdem Enno wieder am Tisch sitzt, fangen auf einmal Dark Angel, Shadow, Pico und Ronja laut an zu wiehern.

»Hört ihr?« Bauer Buschheister grinst und zeigt dann voller Stolz auf seine Pferde. »Die wollen uns auch ein gesegnetes Fest wünschen!«

Kaum hat er das letzte Wort ausgesprochen, ertönt aus dem CD-Player das Lied *Stille Nacht, heilige Nacht*. Und ohne dass sie sich abgesprochen haben, singen Gesine, Imke, Hinnerk, Enno und Fite dieses stimmungsvolle Weihnachtslied mit.

Silke und Knut Buschheister sehen sich an. In diesem Augenblick wissen beide, dass das eine gelungene und wunderschöne Weihnachtsfeier ist. Im Pferdestall mit den Menschen und Tieren, die ihnen am Herzen liegen.

Ein Stern unter vielen

Langsam taust du auf,
die Starre weicht,
aber ein Gedanke
dem anderen gleicht.

Die Heilige Nacht ist da,
sie senkt sich nieder.
Die Radiosender spielen
alte Weihnachtslieder.

Wehmut erfasst dich.
Du denkst zurück.
An Weihnachtzeiten
voller Glück.

Du gehst zum Fenster,
schaust zu den Sternen,
die am Himmel hell leuchten
in weiten Fernen.

Dann siehst du einen!
Er strahlt dich kurz an!
Du weißt genau,
wer's nur gewesen sein kann.

Deine Augen werden feucht.
Ums Herz wird es warm,
du hast das Gefühl,
jemand legt um dich seinen Arm.

Die Wehmut, sie weicht.
Und du denkst dir:
Sind sie auch weit weg,
so sind sie doch neben mir.

Deinen Fensterplatz verlässt du
glücklich und froh.
Du weißt, da droben
geht es deinen Lieben ebenso.

Damals bei Oma und Opa

»Beeilt euch, wir müssen los, es ist schon halb drei! Oma und Opa warten bestimmt schon auf uns!« Regina treibt ihre Kinder an, dass sie sich beeilen mögen, während Hans-Werner bereits mit scharrenden Füßen vor der Haustür steht und auf seine Familie wartet.

Endlich sind die Kinder fertig. Und als sie die Wohnung verlassen haben und sie die Stufen im Treppenhaus hinuntergehen, hört Regina, wie Mike seinen jüngeren Bruder fragt:»Hast du Bock heute zu Oma und Opa zu latschen?«

»Nö. Ich hätte viel lieber mit meiner neuen Eisenbahn weitergespielt«, sagt Kai, »aber wenn wir nicht mitgehen, kriegen wir ja auch keine Weihnachtsgeschenke von Oma und Opa.«

»So ist es!« Regina dreht sich zu ihren beiden Sprösslingen um, die im Zeitlupentempo Stufe für Stufe runterkommen. »Ob ihr wohl mal einen Schritt zulegt, euer Vater geht bestimmt gleich aus der Naht! Los jetzt!«

»Siehste«, Kai stößt seinen großen Bruder an, »das Gemecker geht jetzt schon los!«

»Musste gar nicht hinhören!«, kichert Mike und springt die letzten drei Stufen runter.

Als die Brüder endlich mit ihrer Mutter aus der Haustür kommen, ruft Hans-Werner ihnen sichtlich angesäuert zu: »Wo bleibt ihr denn? Ich stehe mir hier draußen die Beine in den Bauch und ihr trödelt rum. Meint ihr etwa, mir wird nicht kalt. Nun aber zügig!«

Schon dreht er sich auf dem Absatz um und legt ein Tempo vor, dass ihm seine Frau und die Jungen kaum folgen können.

»Ich möchte nur mal wissen, wieso wir nicht mit dem Auto zu Oma und Opa fahren können«, hört Hans-Werner seinen Sohn rufen.

Er bleibt stehen und erwidert immer noch genervt: »Willst du den etwa von dem ganzen Schnee befreien? Ehe du damit fertig bist, mein lieber Kai, sind wir dreimal zu Fuß bei deinen Großeltern angekommen.«

Dann sieht er seine Frau an. »Und? Hast du die Geschenke für deine Eltern dabei?«

Regina zuckt zusammen. »Vergessen. Die hab ich vergessen. Wartet, ich hole sie schnell!« Schon rast sie los.

»Toller Weihnachtstag!«, meint Mike und muss aufpassen, dass ihm sein Vater keinen Klaps verpasst.

Doch der steht nur da und denkt: *Der Bengel hat ja recht. Jedes Jahr der gleiche Zirkus. Wenn Weihnachten nur schon vorbei wäre.*

»Huhu, bin wieder da, wir können los!« Und mit den

Worten: »Die kannst du tragen!«, drückt Regina Hans-Werner die Tasche mit den Geschenken in die Hand.

»Das war mir schon klar! Ich bin ja immer dein Gepäckträger, oder bist du anderer Meinung?«

Doch das überhört Regina einfach.

Aber als es dann noch zu schneien anfängt, legen sie eine noch schnellere Gangart ein. Dass sie trotzdem zu spät zum Kaffeetrinken bei Reginas Eltern aufschlagen, wissen die vier.

Als sie zwanzig Minuten später vor dem schmucken Einfamilien-Häuschen ihrer Eltern stehen, muss Regina grienen. Denn sie weiß auch ganz genau, mit welchen Worten sie wieder von ihrem Vater begrüßt werden, und was ihre Mutter beim Kaffeetrinken sagen wird.

»Warum grienst du denn so?« Hans-Werner sieht sie kopfschüttelnd an. »Du solltest dir lieber den Schnee abklopfen und dann, Regina, klingle endlich. Ich habe schließlich die Hände voll!«

»Ui, ui, ui! Unser Vater ist aber mächtig genervt!«, stellt Mike fest und gibt seinem Bruder einen Knuff.

»Lass deine dummen Sprüche und klopf dir endlich den Schnee ab!« Dann blickt Hans-Werner Kai an und sagt: »Und du dir auch!«

»Mensch, hat der schlechte Laune! Bestimmt weil Papa seit Heiligabend nicht mehr rauchen darf«, flüstert Kai seinem großen Bruder zu.

Ehe Mike etwas erwidern kann, öffnet sich die Haustür und Reginas Mutter steht freudestrahlend vor ihnen.

»Frohe Weihnachten, Kinder! Kommt schnell rein, euch ist sicherlich kalt.«

Nachdem sich alle begrüßt und ihrer Jacken entledigt

haben, folgen Regina, Hans-Werner, Mike und Kai der Hausherrin ins kleine gemütliche Wohnzimmer.

Noch bevor jemand etwas sagen kann, poltert Opa Uwe los: »Wie immer! Zu spät! Frohes Fest, ihr unpünktlichen Banausen. Los, nun kommt schon her, damit ich euch begrüßen kann! Ich kann schlecht aufstehen, mein Rheuma macht mir heute zu schaffen.«

Als die Buben ihren Großvater begrüßt haben, schaut Oma Rosa ihre Enkelkinder an und fragt sie augenzwinkernd: »Na, Kai, na, Mike, wollen wir denn erst Kaffee trinken und dann packt ihr die Geschenke aus, die der Weihnachtsmann für euch hier zurückgelassen hat? Oder wollen wir es umgekehrt machen?«

»Nix da!«, gibt Opa Uwe seinen Senf dazu. »Wer zu spät kommt, kann auch mit dem Auspacken warten. Rosa, hol den Kaffee und den Kuchen rein. Deine Tochter kann dir dabei ja zur Hand gehen. Und ihr Drei, setzt euch endlich hin, oder auf was wartet ihr noch? Könnt mir ja schon mal erzählen, was euch der Weihnachtsmann gebracht hat.«

Was folgt ist ein Gespräch unter vier Männern.

Unterdessen haben Regina und ihre Mutter in der Küche die Kaffeekanne, die Zuckerdose, das Milchkännchen und den selbstgebackenen Streuselkuchen aufs Tablett gestellt und gehen zurück zu den anderen.

Als Kai und Mike zusammen mit ihren Eltern bei Oma und Opa am festlich gedeckten Wohnzimmertisch sitzen, tritt Mike unterm Tisch auf Kais Fuß. Daraufhin schnellt dessen Kopf in Mikes Richtung. Der blinzelt ihm zu, zeigt unbemerkt mit dem Zeigefinger auf den Streuselkuchen und flüstert: »Hab ich`s nicht gesagt: Es gibt wieder Kuchen, auf dem man die Streusel einzeln

zählen kann! Wie jedes Jahr zu Weihnachten.«
Die beiden Jungen fangen an zu lachen.
»Was ist denn so lustig?« Oma Rosa blickt ihre Enkelkinder an. »Worüber lacht ihr denn? Etwa über mich?«
»Nee, nee! Wir lachen doch nicht über dich, Oma. Wir freuen uns auf unsere Geschenke! Stimmt`s, Mike?«
»Jau!« Mike stimmt seinem Bruder zu. »Kai hat recht!« Aber als ihre Oma dann noch fragt, ob sie auch Kaffee trinken möchten und beide genickt haben, fangen die Jungen hinterher noch lauter an zu lachen. Denn was ihre Oma gleich sagen wird, wenn sie allen den Kaffee in die Tassen einschenkt, das wissen sie!

»Was ist denn jetzt so lustig?« Opa Uwe schaut seine Enkel an. »Sagt es mir, damit ich mitlachen kann.«

Gerade als Mike seinem Opa antworten will, sagt seine Oma: »Jungs, reicht mir mal eure Tassen rüber, damit ich euch den Muckefuck einschenken kann. Der Bohnenkaffee war zu teuer!«

Die Bengel sehen sich kichernd an. Dann flüstert Mike Kai ins Ohr: »Wusste ich`s doch! Bei Oma und Opa gibt es Weihnachten immer nur Muckefuck und streusellosen Streuselkuchen!«

Kai grinst seinen Bruder spitzbübisch an und sagt leise: »Du meinst Kuchen mit abgezählten Streuseln!«

Jahrzehnte später.
Oma Rosa und Opa Uwe leben nicht mehr. Und Mike und Kai sind längst erwachsen und haben inzwischen eigene Kinder.

Immer wenn Weihnachten ist und sie nun mit ihren Töchtern zu ihren alten Eltern Regina und Hans-Werner gehen, erinnern sich die Brüder an ihre Kindheit. Ihre Eltern und Großeltern hatten nie viel Geld. Aber sie haben ihnen etwas fürs Leben mitgegeben, was beide, bis zum heutigen Tag, tief in ihren Herzen tragen.

Es sind nicht die Geschenke, über die sich Kai und Mike immer gefreut haben. Nein, es sind Erlebnisse, die sie wie ihre kostbarsten Schätze hüten. Dazu gehört nicht, dass ihr Vater ausgerechnet zwei Tage vor Heiligabend seiner Frau versprochen hatte, dass er mit dem Rauchen aufhören wollte! Zwar erinnern sich Mike und Kai noch ganz genau daran, dass seine schlechte Laune mit jeder Stunde – an diesen berüchtigten Weihnachtstagen – unerträglicher wurde. Darüber können sie nur schmunzeln, wenn sie an die Leidensmiene denken mussten, die ihr Vater aufgesetzt hatte. Das alles ist ihnen zwar im Gedächtnis geblieben, aber es ist für Kai und Mike nicht mehr, aber auch nicht weniger wichtig.

Und doch gibt es da etwas, was nicht ins Vergessen geraten ist! Und daran müssen sie immer denken, wenn Weihnachten ist und die Brüder zum Kaffeetrinken nun zu den eigenen Eltern gehen. Auf dem Weg dahin wird das Schätzkästchen geöffnet und die Erinnerung erwacht wieder …

So ist es auch in diesem Jahr.

Als Kai und Mike, mit ihren Frauen und Töchtern, am ersten Weihnachtstag bei den Eltern aufschlagen, haben sie wie immer Streuselkuchen dabei. Aber wenn der auf dem festlich gedeckten Tisch steht, sehen sich die Brüder an und fangen an zu kichern. Und wenn Mike dann auch noch damit beginnt, auf dem Kuchen die Streusel zu zählen biegen sich alle vor Lachen.

Absoluter Höhepunkt ist allerdings, wenn ihre Mutter mit der Kaffeekanne reinkommt und lächelnd zu ihnen sagt: »Muckefuck ist aus, dafür gibt es aber heißen und frisch aufgebrühten Bohnenkaffee zu dem gekauften Kuchen mit den vielen Streuseln.«

Wie jedes Jahr am Kaffeetisch sehen sich jetzt die Brüder an und man sieht, dass ihre Augen feucht sind. Denn Weihnachten, damals bei Oma und Opa, wird ihnen unvergesslich bleiben!

Natürlich hat Regina für die kleinen Enkeltöchter leckeren Kakao zubereitet und direkt vor ihre Näschen die selbstgebackenen Kekse hingestellt. Und die liebevoll eingepackten Geschenke, die der Weihnachtsmann unter den Weihnachtsbaum gelegt hat, die packen alle zusammen nach dem Kaffeetrinken aus.

Das schönste Geschenk

Ferdinand trommelte mit den Fingern auf dem Tisch herum. »Resi, wo bist du?«

»Hier, ich bin hier!«

»Wo, hier?«

Im Laufschritt kam Therese ins Wohnzimmer, setzte sich zu ihm aufs Sofa und schaute ihren Mann an. »Warum bist du denn so böse? Ich war doch nur mal kurz in der Küche.«

»Nee, da warste nicht! Ich habe dich überall gesucht, aber gefunden habe ich dich nicht! Und warum sagste mir nicht Bescheid, wenn du weggehst?«

Behutsam streichelte Therese ihrem Mann über seinen Arm. »Du hast ja recht, mein Ferdi, ich hätte dir sagen sollen, dass ich mal kurz woanders bin.«

Schnell drehte sie ihren Kopf zur Seite, dann griff in

ihre Hosentasche, zog ein Taschentuch daraus heraus und wischte sich die Tränen ab, die über ihr Gesicht liefen. Es hatte keinen Zweck, ihm zu sagen, dass sie doch in der Küche war. Ihr Mann würde nur zornig werden und das wollte sie auf jeden Fall verhindern.

»Kannst du mir mal sagen, warum du jetzt heulst? Wenn jemand zum Heulen einen Grund hätte, dann wohl ich, aber nicht du! Wer ist denn einfach weggegangen, du oder ich?«

»Ich weine doch gar nicht, das ist nur eine Wimper, die mir ins Auge gerutscht ist!«

»Na, dann ist es ja gut. Und was willst du nun machen? Bleibst du jetzt bei mir?«

Energisch schüttelte sie den Kopf, bevor sie wieder aufstand und zu ihrem Mann sagte: »Ferdi, das geht nicht. Morgen ist doch Heiligabend und ich bin gerade dabei, den Tannenbaum in den Ständer zu stellen. Es soll doch richtig schön sein, wenn Caroline mit Amelie und Moritz zur Bescherung zu uns kommt.«

»Wie? Was ist denn morgen? Und wer kommt? Habe ich schon wieder was vergessen oder hast du mir noch gar nichts davon erzählt?«

Therese ging noch einmal zu ihrem Mann, setzte sich erneut neben ihn, nahm seine faltige Hand in ihre, bevor sie ihm im ruhigen Ton erklärte, was sie ihm in den letzten Tagen schon mehrmals erzählt hatte.

»Jetzt, wo du es sagst! Ich erinnere mich dumpf, aber nicht mehr daran, dass unsere Tochter mit den Zwillingen kommen will. An Heiligabend? Was hast du gesagt, wann kommen sie? Hm, eben fällt`s mir ein …, nein, das ist mir entfallen. Aber sollte ich dir nicht bei irgendwas helfen?«

»Das wolltest du, richtig. Du hast mir gestern versprochen, dass du die Kugeln an den Tannenbaum hängen willst. Machst du das, mein Schatz? Du würdest mir damit helfen und viel Arbeit abnehmen.« Während sie das lächelnd zu ihrem Mann sagte, füllten sich ihre Augen abermals mit Tränen. Denn Arbeit würde er ihr damit nicht abnehmen, eher zusätzliche bereiten.

Schnell stand sie auf und gerade, als sie das Wohnzimmer verlassen wollte, hörte sie ihren Mann fragen: »Haste schon wieder 'ne Wimper im Auge? Okay, ich helfe dir, allein schaffst du es ja nicht. Bringste die Fichte und die Kugeln rein, oder soll ich mitkommen?«

»Wenn der Baum im Ständer steht und ich die Lichterkette angebracht habe, bringe ich den Baum zu dir ins Wohnzimmer. Die Kugeln und Strohsterne habe ich ja schon vorgestern aus dem Keller hochgeholt. Gedulde dich noch ein Weilchen, ich beeile mich.«

»Was bleibt mir anderes übrig, ich warte. Wie immer!«

Kurz darauf ließ sich Therese in der Küche auf einen Stuhl sinken. Sie stützte ihren Kopf in die Hände und als sie den Tannenbaum sah, der bereits im Weihnachtsständer stand, dachte sie an den letzten Heiligen Abend.

Natürlich war ihr Mann da auch schon an Demenz erkrankt, aber wer ihn nicht so gut gekannt hatte, der hatte ihm diese heimtückische Krankheit kaum angemerkt. Doch dass sie derart rasant fortschritt, damit hatten weder der Neurologe noch sie oder ihre geschiedene Tochter gerechnet.

Zwar nahmen es die bereits erwachsenen Zwillinge mit Humor, wenn er sie mal wieder nicht erkannte oder mit ganz anderen Namen ansprach. Aber wie es tatsächlich in ihnen aussah, das ließen sie sich nicht anmerken.

Therese schüttelte den Kopf. Sie konnte es immer noch

nicht fassen, dass ausgerechnet ihr Ferdinand demenz-krank war. Er, der bis vor einem Jahr noch Hansdampf in allen Gassen gewesen war! Und heute? Heute war sie dankbar, dass er sie noch erkannte, auch wenn sie ihm alles dreimal sagen und erklären musste.

Ihre Augen umspielte ein Lächeln. Sie wusste genau, wie nachher der Weihnachtsbaum wieder aussehen würde. Denn schon im letzten Jahr hatte Ferdi ihn auf seine ganz besondere Art geschmückt. Alle Kugeln waren wie …

»Mensch, Resi, wo bleibst du denn mit der Fichte, ich warte! Bringst du auch das Lametta mit? Pass aber auf, denn das habe ich doch gestern erst noch so richtig schön geglättet und in Butterbrotpapier eingewickelt. Nun vertüdle es nicht wieder.«

Sie zuckte zusammen. »Ich muss nur noch die Lichter-kette anbringen, ich komme gleich. Dann kannst du den Weihnachtsbaum schmücken, Ferdi.«

»Nee, ne! Ich schmücke keinen Weihnachtsbaum! Ich schmücke die Fichte, wie immer, wie jedes Jahr!«

»Okay, dann schmückst du die eben.«

Wenig später stand der Baum mitten im Wohnzimmer und Ferdinand strahlte übers ganze Gesicht, während er die roten Kugeln und die Strohsterne, die für ihn das Lametta waren, an die Zweige hängte.

Therese, die ihn eine Weile dabei beobachtete, be-merkte, dass sie in seinen Augen genau den Glanz sah, den sie versprühten, wenn ihr Mann sehr glücklich war. Nur dass er jetzt, einen Tag vor dem Heiligen Abend, in seiner eigenen Welt lebte.

»Ferdi, ich gehe wieder in die Küche und räume auf. Wenn du fertig bist, rufe mich, dann stellen wir den ge-schmückten Tannenbaum vors Fenster.«

»Es ist 'ne Fichte, Therese, 'ne Fichte! Wann kapierst du das endlich. Ne Fichte ist das, 'ne Fichte!« Zornig stampfte er mit seinem Fuß auf.

»Gut, dann rufe mich, wenn du alle Kugeln und die Strohsterne an die Fichte gehängt hast!«

»Das Lamettaaa! Du meinst die Kugeln und das Laameeetta! Ja, ja, ich ruf dich dann.«

Zwei Stunden später stand der geschmückte Baum vorm Fenster. Während Therese ihn betrachtete und sich ein Grinsen nicht verkneifen konnte, hörte sie ihren Mann sagen:»Na, wenn das keine schöne Fichte ist! Ich bin gespannt, was die Kinder dazu sagen. Und das Lametta gefällt mir wieder am besten. Dir auch, Resi?«

»Du hast den Tannenbaum schön geschmückt, Ferdi. Nun kann Heiligabend kommen!«

»Wie oft muss ich dir denn noch sagen, es ist 'ne Fichte! Mein Gott, bist du vergesslich! Und wann ist Heiligabend, was hast du gesagt? Wann?«

»Morgen, Ferdinand, morgen!«

Heiligabend.

Gegen siebzehn Uhr klingelte es an der Haustür.

»Jetzt kommen sie. Ich mache schnell auf!« Schon lief Therese zur Tür und öffnete sie.

Nachdem sich Mutter und Tochter begrüßt hatten, kamen die Zwillinge, Amelie und Moritz zu ihrer Oma und umarmten sie.

Sichtlich gerührt sagte sie:»Kommt schnell rein, ihr werdet schon erwartet.«

»Hat Papa den Baum wieder allein geschmückt?« Fragend sah Caroline ihre Mutter an.

»Hat er!« Therese fing leise an zu lachen.

»Na bravo!«, kicherte Moritz. »Ich ahne Schlimmes!«

»Und ich erst!«, meinte Amelie und griente dabei.

Wenig später standen alle im Wohnzimmer.

»Frohe Weihnachten, Papa!«

»Von mir auch, Opa!«, rief Moritz und zwinkerte seinem Großvater zu.

Und Amelie meinte: »Fröhliches Fest, Opapa!«

»Danke! Und was sagt ihr zu meiner Fichte? Ist das Lametta nicht schön?«

Moritz stieß seine Schwester an. »Habe ich es dir nicht gesagt? Opa hat alle Kugeln wieder an nur vier Zweige gehängt!«

»Und die ganzen Strohsterne hängen auch nur an einem Zweig!«, kicherte Amelie.

Jetzt ging Caroline zu ihrem Vater und umarmte ihn liebevoll. »Du hast den Baum schön geschmückt, Papa! Besser hätte ich es auch nicht gekonnt.«

»Es freut mich, dass dir meine Fichte gefällt. Aber warum seid ihr denn heute alle gekommen?«

Seine Frau ging zu ihm und streichelte über seine schütteren Haare. »Ferdi, es ist doch Heiligabend!«

»Jetzt, wo du es sagst, Resi! Genau, es ist Weihnachten. Und was hast du heute gemacht, Caroline?«

Wie vom Blitz getroffen drehte sich seine Tochter zu ihrem Vater um. Denn sie konnte sich absolut nicht mehr daran erinnern, wann er sie zuletzt mit ihrem Namen angeredet hatte.

Mit Freudentränen in den Augen erwiderte sie leise: »Papa, ich musste doch noch arbeiten. Und die Zwillinge auch. Darum konnten wir nicht eher kommen.«

»Und nur, weil du deshalb nicht eher kommen konntest, fängst du an zu heulen? Oder hast du etwa auch 'ne Wimper im Auge, wie deine Mutter?«

Noch ehe seine Tochter ihm eine Antwort geben konnte, hörte sie ihren Vater fragen: »Und, wie gefällt dir meine Fichte mit den roten Kugeln, Moritz? Und was sagst du zu dem schönen glatten Lametta, Amelie? Ihr habt euch noch gar nicht dazu geäußert. Gefällt euch etwa nicht, wie ich sie geschmückt habe?«

Therese, Caroline, Moritz und Amelie glaubten, dass sie sich verhört hätten. Ungläubig schauten sie von einem zum anderen, bevor sich Moritz zuerst von dem Schock erholt hatte.

»Opa, hast du super geschmückt. Klasse. Mir gefällt der Weihnachtsbaum richtig gut!«

»Das ist 'ne Fichte, Moritz, 'ne Fichte! Und was sagst du, Amelie?«

»Prima, Opapa, die Fichte sieht schön aus! Und erst die vielen Strohsterne!«

»Wie? Wo siehst du denn Strohsterne? Du meinst mein Lametta, oder?«

»Sorry, Opapa, ich meine natürlich das Lametta, das du an den Zweig der Fichte gehängt hast!«

»Gut! Gut, dann können wir ja jetzt was essen. Resi, soll ich dir helfen?«

»Nein, Ferdi, das macht Caroline. Unterhalte du dich derweil mit den Zwillingen!«

Der Heilige Abend verlief sehr friedvoll und harmonisch. Ferdinand blühte förmlich auf, als ihm seine Enkelkinder sein Lieblings-Weihnachtslied vorsangen: *Stille Nacht, heilige Nacht …*

Gegen 21:00 Uhr verabschiedeten sich alle voneinander. Und als Therese ihre Tochter mit ihren Kindern zur Tür hinausbegleitete, nahm Caroline ihre Mutter auf einmal in die Arme und drückte sie fest an sich.

»Was ist los, mein Kind?«

»Nichts, Mama. Aber das war das allerschönste Weihnachtsfest! Papa hat mich mit meinem Namen angeredet und Amelie und Moritz auch!«

Plötzlich fingen alle an zu weinen.

»Mir ging es auch so!«, schluchzte Amelie. »Dass Opapa meinen Namen doch noch nicht vergessen hat, das kann man nicht mit Geld bezahlen!«

»Stimmt, Omchen!« Moritz drückte die Hand seiner Oma. »An diesen Heiligabend werde ich mich wohl immer erinnern, solange ich lebe!«

Sichtlich bewegt stammelte Therese: »Wisst ihr eigentlich, wie sehr Opa und ich euch lieben? Nun fahrt aber nach Hause, damit ihr es euch endlich so richtig gemütlich machen könnt. Ich wünsche euch ein gesegnetes Weihnachtsfest!«

»Ach, Mama, das wünschen wir dir auch!« Caroline weinte, als sie hinzufügte: »Du bist die allerbeste Mutter, liebste Oma und gütigste Ehefrau der Welt. Und Papa würde das jetzt auch zu dir sagen, das weiß ich. Am zweiten Weihnachtstag, darauf kannst du dich ja schon mal einstellen, komme ich euch beide nochmal nerven. Die Zwillinge sind bei Freunden eingeladen und ich freue mich auf unser Kaffeetrinken. Tschüss, Mama, frohe Weihnachten!«

Dann fiel die Haustür ins Schloss und Therese ging zurück zu ihrem Ferdi, der sie, ihre Tochter und die Zwillinge heute sehr glücklich gemacht hatte.

Der Grund, dass das so war, waren nicht die Geschenke, es war nicht die geschmückte Fichte, auch nicht das köstliche Weihnachtsessen. Nein, es waren drei Worte – drei nicht vergessene Namen!

Weihnachtsmanns Azubi

Dezember – Weihnachten naht!
Hätte man es mir eher doch gesagt.
Denn nun fährt's mir durch die Glieder:
»Hilfe! Weihnachten ist ja schon wieder!«

In diesem Jahr, ich will's nur sagen,
hat der Weihnachtsmann mir aufgetragen,
dass ich mich um euch kümmern soll,
sonst kriege ich die Hucke voll.

Der Chef hat dies Jahr keine Zeit,
er wird gebraucht, weit und breit.

Deshalb sprach er streng zu mir:
»Hör, Azubi! Wichtiges sag ich dir.
Kümmere du dich um meine Meute,
du weißt, auf Erden warten nette Leute!«

Nur ungern nehme ich seinen Auftrag an,
schau auf Erden nach dem Rechten dann.

Mich nervt da unten das Menschen-Gewimmel,
aber auch des Schlittens Glöckchengebimmel.

Doch plötzlich finde ich es schön,
die Menschen friedlich hier zu sehen.
Es ist so, wie ER es hat beschrieben,
man muss diese Zeit einfach lieben!

Der Weihnachtsmann sagte ja,
dass es immer spitze war,
wenn er zuvor die Jahre kam
und den Weg gen Erde nahm.
Rudolph, er war stets zugegen,
Weihnachten! Auf seinen Wegen.

Doch ich, ich komm nicht angeritten,
geborgt hat der Chef mir seinen Schlitten.
Rauschebart hat ihn mir geliehen,
damit ja kein Geschenk bleibt liegen.
Zu schwer ist`s den Sack zu tragen,
das kann ich euch wirklich sagen!

Knapp ist in diesem Jahr die Zeit,
aber jetzt liegen alle Gaben bereit.

Ich habe mir fest vorgenommen,
zum Fest soll jeder was bekommen!

Als ich schon am Schornstein steh
und ganz gespannt nach unten seh,
ertönt ein Höllengeschrei von droben,
mein Chef fängt mächtig an zu toben!

»Ho Ho Ho«, poltert der Alte los,
»was soll denn deine Neugier bloß?
Die Beine sollst du bewegen,
Geschenke untern Baum legen.
Heiligabend naht im Galopp,
beeile dich! Hopp, hopp, hopp!
Bist du fertig? Dann ab in den Schlitten,
Azubi, ich werd dich nicht nochmal bitten!«

Ich blicke zu ihm hoch!
Was meckert der Alte bloß?
In zwei Stunden beginnt erst die Heilige Nacht,
ich frag mich, warum der solchen Krach macht!

Nun schließt er sein Himmelsfenster leise,
in seiner Weihnachtsmann Art und Weise.

Die Geschenke unterm Baum jetzt liegen,
darüber freuen sich später all die Lieben.
Durch den Schornstein klettere ich schnell
nach oben! Nun verschwind ich auf der Stell.

Jetzt muss ich mich mächtig sputen,
aber zuvor noch in die Tröte hupen!

Aufs Kommando *Zieh fest an,*
flieg ich mit dem Schlitten dann
rasch zum Himmelstor hinauf,
die Heilige Nacht nimmt ihren Lauf.

Ein Blick zurück, ein letztes Mal,
auf das wunderschöne Erden-Tal.

Ich habe noch viel zu tun,
keine Zeit, um auszuruhen.

Lasst euch Heiligabend reich beschenken,
der Alte und ich werden an euch denken.

Zum Schluss, mir fällt nichts anderes ein,
drum soll's dieses Sprüchlein sein:
Zufrieden und ohne ein Wort,
setze ich meine erste Reise fort.

Eines weiß ich! Das ist für mich klar,
euer Azubi kommt wieder, nächstes Jahr!

Am 24. Dezember

Barbara Acksteiner und Antje Steffen

Sandra machte den Kofferraum zu. Warum passierte ihr das jedes Jahr wieder? Immer musste sie an Heiligabend lossausen, um noch einige Dinge einzukaufen. Dabei nahm sie sich jedes Mal wieder vor, dass ihr das nie wieder passieren sollte. Doch auch in diesem Jahr war es passiert.

Als Sandra die Beleuchtung vom Weihnachtsbaum eingeschaltet hatte, geschah nichts. Also war sie schnell zum Baumarkt gefahren, und hatte Ersatz geholt. Während sie unterwegs war, fiel ihr ein, dass auch noch ein paar Lebensmittel fehlten. Was blieb ihr anderes übrig, als diese zu besorgen. Natürlich waren die Läden voll von Menschen, die ebenfalls noch einige Kleinigkeiten kaufen wollten. Dementsprechend lange hatte Sandras Einkauf gedauert.

Aber jetzt war sie gleich in ihrer Wohnung und konnte es sich dort gemütlich machen. Sie würde auch dieses Weihnachtsfest allein begehen. Ihre letzte Beziehung war vor drei Monaten in die Brüche gegangen und Familie hatte sie keine. Mit ihrem Einkaufskorb in der einen und dem Hausschlüssel in der anderen Hand bewegte sie sich auf das Haus zu.

Sandra war fast am Ziel, als sie meinte, ein leises Fiepen zu hören. Lauschend blieb die junge Frau stehen. Da war es wieder! Aufmerksam blickte Sandra sich um. Woher kam das Geräusch?

Sie wollte schon aufgeben, als sie bemerkte, dass der dichte immergrüne Busch neben der Tür wackelte. Sandra stellte den Korb ab und ging vorsichtig auf den Busch zu. Was mochte sich dort verbergen? Als sie direkt vor dem Busch stand, ging sie in die Hocke und spähte durch die Zweige. Zuerst konnte sie nichts erkennen, dann sah sie die Ursache für die Geräusche.

Versteckt zwischen den Zweigen hockte ein kleines Hündchen. Es zitterte und sah Sandra aus großen Augen an. Sie beugte sich zu dem Fellknäuel runter und musterte den Hund genauer. Was für eine Farbe sein Fell hatte, konnte Sandra nur erahnen. Sie sah nur, dass sein Köpfchen mehr schwarz als weiß war und dass auf seinem übrigen Körper eine dichte Schneedecke lag.

Sandra zog ihre Handschuhe aus und bewegte eine Hand langsam in Richtung Hund.

»Nicht schnappen!«, redete sie beruhigend auf ihn ein. »Ich tu dir nichts!«

Als wenn er ihre Worte verstand, machte er einen langen Hals und beschnupperte Sandras Hand.

Wuffwuffwuff! Wuff!

»Willst du mir etwa was sagen?«, fragte sie lachend, nachdem das schneebedeckte Etwas sie immer wieder anbellte. »Hundchen, komm doch bitte unter dem Busch hervor, ich kann nämlich nicht mehr knien. Komm schon!«

Sandra erhob sich. Sie ging auf ihren abgestellten Korb zu, nahm ihn hoch und wollte sich gerade noch einmal umdrehen, da spürte sie wie sich etwas an ihre Beine schmiegte.

»Da bist du ja! Hast es dir wohl überlegt? Gut so! Wenn du willst, dann komm einfach mit. Was meinst du, Hundchen, hast du Lust?«

Kaum hatte Sandra das letzte Wort ausgesprochen, schüttelte der Hund den Schnee von seinem Fell ab, sprang mit einem Wuffwuffwuffwuff an ihr hoch und wedelte freudig mit der Rute.

»Mein Gott, ich habe das Gefühl, als wenn du mich verstehst. Und soll ich dir noch etwas sagen? Ich habe schon lange überlegt, ob ich mir einen vierbeinigen Weggefährten zulegen sollte. Aber ich hab's bis jetzt nicht getan. Und dass du mir heute – am Heiligen Abend – sozusagen als ein Geschenk und quasi vor die Haustür gelegt wurdest, das deute ich als ein Zeichen! Da muss jemand seine Hand mit im Spiel gehabt haben. Was meinst du?« Sandra sah auf den Hund hinunter. Er saß im Schnee, hatte sein Köpfchen zur Seite geneigt und lauschte ihrer Stimme.

»Nun muss ich dir nur noch einen Namen geben!«

Abermals ertönte ein forderndes Wuffwuff!

Sandra musste laut lachen. »Du siehst nicht nur hübsch aus, du bist auch sehr schlau! Weißt du was? Du bist wirklich eine gelungene Überraschung! Und weil heute der 24. Dezember ist, nenne ich dich Casper! So hieß auch einer der Hl. 3-Könige, die damals das Jesuskind fanden!«

Diesmal wartete sie vergebens auf eine bellende Bestätigung. Stattdessen stand Casper auf und lief, wie selbstverständlich, auf Sandras Haustür zu. So als würde er schon immer bei ihr wohnen.

Sandra ging nachdenklich hinter ihm her und flüsterte leise: »Danke, lieber Gott, lieber Weihnachtsmann und liebes Christkind! Frohe Weihnachten wünsche ich euch und allen Menschen und Tieren!«

Wuff!

»Dachte ich's mir doch! Dich muss der Himmel zu mir geschickt haben!«

Geschafft!

Der Weihnachtsmann ist geschafft,
verbraucht ist seine ganze Kraft.

Rauschebart ist müde,
sein Sack ist geleert,
Rentier Rudolph
im Stalle wieder eingesperrt.

Endlich ist das Rentier
bei der Mutter,
beide bekommen
vom Alten noch ihr Futter.

Bevor sich der Alte
lässt in seinen Sessel fallen,
wünscht er schnell
frohe Weihnachten uns allen!

Dann schläft er ein,
der Weihnachtsmann,
und träumt vom
nächsten Fest sodann.

Eins steht fest, für ihn ist klar,
Rudolph und er kommen wieder:
Nächstes Jahr

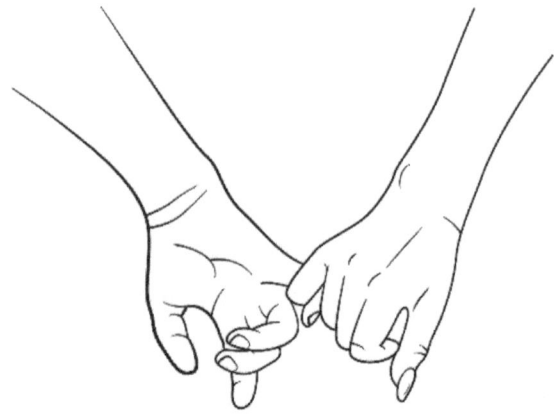

... uns gibt es auch noch!

Ruth und Heinz sitzen vor dem Fernseher und schauen sich den Silvester-Klassiker Dinner for One bzw. *Der 90. Geburtstag* an. Schon seit den 60ger Jahren lässt sich das alte Ehepaar die Sendung mit dem Diener James und seiner Miss Sophie nicht entgehen. Und wenn James zum x-ten Mal über das Eisbärenfell stolpert, hält es Heinz in seinem Sessel nicht länger aus.

Er steht immer an der gleichen Stelle auf, geht mit schlurfenden Schritten in die Küche und kommt kurz darauf mit einer Flasche Sekt zurück. Dann holt er noch zwei Sektgläser, stellt diese zu der Sektflasche auf den Tisch, setzt sich wieder hin und sieht sich kichernd die Sendung weiter an.

Spätestens dann, wenn Miss Sophies Diener kaum noch sprechen kann, fängt Heinz herzhaft an zu lachen.

Er klopft sich auf seinen Oberschenkel und sagt:»Nun sieh dir das an. Mensch, Ruth, so langsam muss der aber wissen, dass da der Kopf von dem Bären liegt! Aber das merkt sich James wohl nie.«

Seit Jahren erwidert seine Ruth nun:»Kein Wunder, Heinz, so betrunken, wie der ist!«

Und wie jedes Jahr grient Heinz daraufhin seine Frau an und stellt fest:»Ist das ein Wunder? Er muss ja auch immer mit Miss Sophie anstoßen! Warum sagt der eigentlich nie Nein?« Er zeigt auf den Bildschirm.»Nun guck dir das an! Unsere alte Miss Sophie ist ein richtiger Schluckspecht.«

Für die beiden liebenswerten alten Leutchen ist diese Sendung Balsam für ihre geschundenen Seelen. Sie vergessen dann, dass es das Leben nicht immer nur gut mit ihnen gemeint hat. Dass das so ist, daran werden Ruth und Heinz besonders in der Nacht zwischen Silvester und Neujahr erinnert.

Obwohl beide versuchen, sich nicht anmerken zu lassen wie es in ihrem Inneren aussieht, je näher der Jahreswechsel rückt, umso schwerer wird ihnen ums Herz. Aber weil Heinz seine Ruth schonen will und Ruth ihrem Heinz nicht wehtun möchte, versuchen sie sich gegenseitig abzulenken. Und wenn sie sich auch heute wieder der Sendung Dinner for One hingeben, geht es beiden richtig gut. Zumindest für diesen kurzen Zeitraum vergessen sie dann das, was sie sonst nicht vergessen können.

Ist der Kult-Sketch jedoch vorbei, schaut Heinz seine Ruth an und sucht nach ihrer Hand. Wenn er diese fest in seiner hält und an seine Lippen drückt, sagt er leise:»Siehst du, Ruth, Miss Sophie und James haben dieses Jahr wieder überlebt.«

Kaum hat Heinz den Satz ausgesprochen, laufen Tränen über Ruths faltige Wangen. Schwerfällig erhebt sie sich und geht in gebeugter Haltung zu ihrem Mann.

Dann küsst sie ihn auf seine runzlige Stirn und flüstert:»Ach, Heinz, ich bin ja so glücklich, dass wir einander noch haben. Aber willst du nicht endlich die Flasche Sekt öffnen? Die steht schon eine Ewigkeit vor uns auf dem Tisch. Wenn wir den nicht bald trinken, ist er warm. Warte, ich reiche dir gleich die Flasche.«

Als Ruth ihrem Mann die Sektflasche gegeben hat, schlappt sie zurück zu ihrem Sessel und lässt sich da langsam hineinsinken.

Nachdem Heinz die Sektgläser gefüllt hat und er seiner Frau ein Glas reichen will, reagiert sie nicht. Er stellt das Glas vor ihr auf die Tischplatte und fragt sie:»Wo bist du denn mit deinen Gedanken, dass du mir noch nicht mal das Glas abnimmst?«

Ruth erschrickt sich.»Ich? Na ja, ich habe gerade an Jens und Monika denken müssen. Ich frage mich, ob es beiden wirklich gut geht. Zwei Jahre sind es heute.« Sie fasst in ihren Blusenausschnitt, zieht daraus ein umhäkeltes weißes Taschentuch hervor und wischt sich damit über die Augen.»Es tut mir leid, Heinz, aber ...« Sie schaut auf die Wanduhr.»Silvester, jetzt sind sie zwei Jahre tot. Fast auf die Stunde genau. Aber die Eltern sollen doch vor den Kindern gehen und nicht umgekehrt.«

Nun dreht sich Ruth um. Ihr Mann soll nicht sehen, dass sie weint.

»Ach, Ruth ...« Schnell reibt sich Heinz mit seinem Hemdenärmel übers Gesicht und ärgert sich in gleichen Moment darüber, dass er seine Emotionen vor seiner Frau nicht im Griff hat.

Für die nächsten Minuten herrscht zwischen dem alten Ehepaar ein betretenes Schweigen.

Heinz weiß nur allzu gut, dass seine Frau nicht darüber hinwegkommen kann, dass der einzige Sohn und die Schwiegertochter bei einem Autounfall in der Silvesternacht vor zwei Jahren ums Leben gekommen sind. Und dass auch nur, weil sie sie mit ihrem Besuch überraschen wollten! Dabei waren es nur 35 Kilometer gewesen, die sie hätten fahren müssen.

Aber in dieser Nacht sind Jens und Monika bei ihrer Fahrt auf der Autobahn von plötzlich auftretendem Blitzeis überrascht worden. Die Wucht, mit der sie ungebremst mit dem Auto gegen einen Brückenpfeiler geprallt sind, muss enorm gewesen sein. Die Polizei hat später zu Ruth und Heinz gesagt, dass ihr Sohn und seine Frau noch am Unfallort verstorben seien. Und seit jenem verhängnisvollen Geschehen wird Ruth die Schuldgefühle nicht los. Immer und immer wieder sagt sie zu ihrem Mann und sich selbst: *Wäre nicht Silvester gewesen, dann hätten uns unser Jens und seine Monika auch nicht besuchen wollen. Und dann wären beide heute noch am Leben, aber jetzt sind sie tot. Warum hat Gott das zugelassen und nicht verhindert? Warum?*

Jetzt steht Heinz auf. Er kann es nicht länger mit ansehen, dass seine Frau in ihrem Sessel sitzt und dass ihre Tränen nicht versiegen wollen.

Als er neben ihr steht und seine faltige Hand auf ihre schlohweißen Haare gelegt hat, sagt er mit zittriger Stimme: »Hör auf zu weinen, Ruth! Dass du dich so quälst, das hätte unser Junge nicht gewollt. Bitte beruhige dich wieder. Wollen wir jetzt nicht mal einen Schluck Sekt trinken und dabei auf ihn und Monika anstoßen? Du weißt doch, dass beide immer gerne mit uns zusammen ein Gläschen Sekt getrunken haben, wenn sie uns besucht haben. Warum nicht auch heute, an Silvester? Lass uns an sie denken!«

Heinz reicht ihr ein gefülltes Sektglas, nimmt dann das andere in seine Hand und nun prosten sie sich mit Tränen in den Augen zu. Als die Gläser wieder auf dem Tisch stehen, er seiner Ruth noch einen zärtlichen Kuss auf ihre Lippen gehaucht hat und Heinz gerade zurück zu seinem Sessel gehen will, klingelt das Telefon.

»Wer ruft uns denn jetzt noch an?« Fragend sieht er seine Frau an, während er mit schlurfenden Schritten zum Telefon geht, den Hörer abnimmt und sich mit: »Berger, guten Abend« meldet.

»Hey, Opi, so förmlich heute? Du hast wohl nicht aufs Display geguckt?«, ertönt am anderen Ende die Stimme seiner Enkeltochter. »Ich bin`s, Celine. Ist Omi denn auch in der Nähe? Wenn ja, dann mach bitte mal den Lautsprecher an!«

Heinz muss lachen. »Ach, du bist es! Warte, Celine, mach ich.« Als er auf den Lautsprecherknopf gedrückt hat, ruft er: »Fertig, deine Oma hört jetzt mit!«

»Prima! Lukas und ich möchten euch jetzt schon einen guten Rutsch ins neue Jahr wünschen. Wir wollen nämlich gleich zu unseren Freunden gehen. Sie haben uns eingeladen, den Jahreswechsel mit ihnen zu begehen. Ich hoffe, dass ihr mir und Lukas nicht böse seid, dass ich zugesagt habe. Aber Mama und Papa, die hätten bestimmt nichts dagegen.« Dann fragt sie ängstlich: »Und ihr, habt ihr was dagegen?«

Ruth und Heinz schauen sich an und schütteln mit den Köpfen, ehe Ruth sagt: »Macht das! Macht das, Celine, habt einen schönen Abend und kommt gut ins neue Jahr. Opa und ich, wir haben euch lieb!«

»Danke, Omi, danke schön, Opi, ich melde mich morgen nochmal bei euch. Omi, es kann aber erst um die Mittagszeit herum sein«, ruft sie lachend. »Wir wissen nämlich noch nicht, wann wir wieder zu Hause sind und ins Bett kommen.«

»Egal, macht euch wegen uns keinen Stress«, meint Heinz, ehe er sie leise fragt: »Fahrt ihr mit dem Auto?«

Celine merkt an seiner Stimme, dass er aufgewühlt ist.

»Nein, Opi, jetzt gehen wir zu Fuß und zurück nehmen wir uns dann ein Taxi. Ist alles in Ordnung bei euch?«, will Celine noch wissen.«

Nachdem Heinz und Ruth ihrer dreiundzwanzigjährigen Enkeltochter und deren Mann erzählt haben, was sie bis jetzt gemacht haben, beenden sie innerlich erleichtert und glücklich das Telefonat.

»Jetzt ruft sowieso niemand mehr an«, sagt Heinz.

Er steht auf und bringt kurzerhand den Telefonhörer dahin zurück, wo er ihn zuvor hergeholt hat.

Als er wieder in seinem Sessel sitzt und seine geliebte Frau anblickt, meint er lächelnd: »Ja, meine Ruth, es ist mal wieder so weit. In drei Stunden neigt sich auch dieses Jahr dem Ende zu.«

Sie greift über den Tisch und fasst nach Heinz` Hand. Und als sich ihre faltigen Hände fest umklammert haben, sagt Ruth kaum hörbar: »Stimmt! Und uns beiden Oldies gibt es auch noch, genau wie die Silvester-Kult-Sendung: Dinner for One.

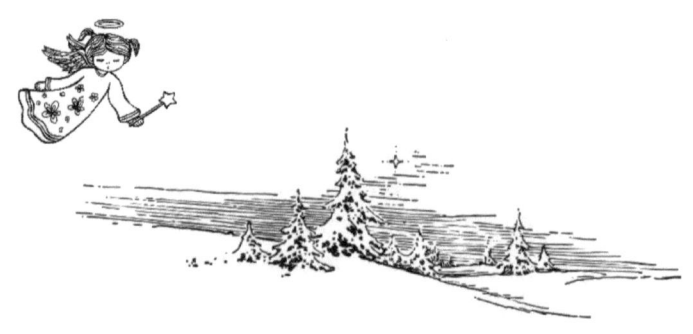

Zum Jahreswechsel

Die Zeiger der Uhr, sie ticken weiter,
sie sind in dieser Nacht unsere Begleiter.

Je näher die Zeiger auf Mitternacht zugehen,
umso mehr Menschen werden nun aufstehen.

Sie alle möchten das neue Jahr begrüßen,
aber es werden auch wieder Tränen fließen.

Wird angestoßen aufs neue Jahr
wird den Menschen einiges klar.

In Gedanken denkt der Mensch zurück
an Tage voller Trauer, Freude, Glück.

An Menschen, die in dieser Runde,
nicht mehr hier sind mit im Bunde.

Sie denken an schlimmes Leid,
aber auch an manchen Streit.

In dieser Silvesternacht – zur Jahreswende –
wünscht man, dass alles sich zum Guten wende.

Ich wünsche jedem Menschen, heut und hier,
dass das, was er sich wünscht, gelingt …
auch dir und mir.

»Happy New Year«

 **Über mich**

Ich bin in Bad Harzburg geboren und hier lebe ich auch. Sehr gerne schreibe ich Geschichten und Gedichte. Aber auch das Schreiben von Romanen, Elfchen und Haikus bereitet mir viel Freude.

Wenn ich schreibe, tauche ich ab in eine andere Welt. In eine Welt, die mich besonders in der Advents- und Weihnachtzeit zum Schreiben animiert und meiner Fantasie Flügel wachsen lässt.

Erwähnenswert wäre noch, dass von mir bereits einige Bücher erschienen sind. Verschiedene Verlage haben außerdem in ihren Anthologien Texte von mir veröffentlicht, worüber ich mich gefreut habe.

Von Herzen

Mein Dank gilt allen **Leserinnen** und **Lesern,** die das Weihnachtsbüchlein gekauft haben und lesen möchten.

Ich freue mich, wenn euch meine Geschichten und Gedichte gefallen haben und wenn ihr beim Lesen etwas von dem Zauber der Weihnachtszeit gespürt habt.

Meiner Familie, meinen Freunden, Bekannten und allen Leseratten wünsche ich ein gesegnetes Weihnachtsfest, verbunden mit besten Wünschen fürs neue Jahr.

Mit weihnachtlichen Grüßen
Barbara Acksteiner

Danksagung

Herzlich bedanken möchte ich mich bei den Autorinnen **Eva** und **Inge** fürs Korrekturlesen meines Weihnachts-Manuskriptes.

Bedanken möchte ich mich auch bei:
- Bilder von b0red auf Pixabay
- Bilder von ArtRose auf Pixabay
- Bilder von Jo Justino auf Pixabay
- Bilder OpenClipart-Vectors auf Pixabay

die ich bei www.pixabay.com gefunden habe, die zur freien kommerziellen Nutzung ohne Bildnachweis zur Verfügung gestellt werden.

Mein Dank gilt aber auch den KünstlerInnen, von denen ich bei www.canva.com das Coverbild und die Illustrationen verwendet habe.